中国产业投资基金投资绩效及对被投企业公司治理的影响研究

Zhongguo Chanye Touzi Jijin Touzi Jixiao Ji Dui
Beitou Qiye Gongsi Zhili De Yingxiang Yanjiu

路祖强　著

西南财经大学出版社
Southwestern University of Finance & Economics Press

中国·成都

图书在版编目(CIP)数据

中国产业投资基金投资绩效及对被投企业公司治理的影响研究/路祖强
著.—成都:西南财经大学出版社,2022.8
ISBN 978-7-5504-5497-2

Ⅰ.①中… Ⅱ.①路… Ⅲ.①产业投资基金—投资效果—影响—企业
管理—研究—中国 Ⅳ.①F279.23

中国版本图书馆 CIP 数据核字(2022)第 146233 号

中国产业投资基金投资绩效及对被投企业公司治理的影响研究

路祖强 著

责任编辑:李特军
责任校对:陈何真璐
封面设计:张姗姗
责任印制:朱曼丽

出版发行	西南财经大学出版社(四川省成都市光华村街 55 号)
网 址	http://cbs.swufe.edu.cn
电子邮件	bookcj@swufe.edu.cn
邮政编码	610074
电 话	028-87353785
照 排	四川胜翔数码印务设计有限公司
印 刷	郫县犀浦印刷厂
成品尺寸	170mm×240mm
印 张	9.5
字 数	150 千字
版 次	2022 年 8 月第 1 版
印 次	2022 年 8 月第 1 次印刷
书 号	ISBN 978-7-5504-5497-2
定 价	68.00 元

前　言

　　近年来，我国高投资、高消耗、低效率的传统发展方式正在耗尽经济增长动力，迫使我国必须进行产业结构调整升级，以有效促进我国产业经济又好又快发展。但产业结构调整升级是一项复杂的系统工程，涉及政治、经济和社会的各个层面与领域，金融体制改革和创新是其中的关键所在。国内外经验表明，产业资本和金融资本的融合是调整产业结构、加快产业发展的有效途径。作为产业资本与金融资本融合的产物，产业投资基金的产生、发展是我国投融资制度和金融工具创新的重要成果，是连接产业市场和金融市场的纽带。产业投资基金在促进产融结合、提高资本运营绩效等方面所起的作用日益显现，引起各界广泛关注，也得到了从中央到地方各级政府的高度重视。

　　虽然当前我国产业投资基金发展迅速，但作为新生事物，有关产业投资基金运行机理及相关理论研究的许多方面仍有待进一步厘清。其中，宏观层面的问题表现在以下三个方面：一是我国产业投资基金整体发展水平较低，资金来源有限；二是产业投资基金未形成完善的市场体系，运作较不规范，缺乏有效的风险防控机制；三是产业投资基金促进产业发展的效力较低，尤其是对于创新型产业与基础战略性产业的促进作用还需进一步提升。

　　微观层面的问题表现在以下两个方面：一是产业投资基金自身的运营机制与体系存在较多缺陷，基金建立、运作、退出等环节的相关制度设计与评价不完善；二是相关研究更多集中于有关产业投资基金的宏观发展政策层面，而对产业投资基金需求端——微观层面企业的相关研究较少，即产业投资基金对企业治理水平、运营绩效等方面的影响仍缺乏系统深入的研究。同时，对影响产业投资基金从企业退出的因素仍缺乏相关研究。

本书分七章对上述问题进行解答，结构安排和主要内容如下：

首先对研究问题、背景、意义、内容、技术路线以及创新点进行简要的说明，然后介绍有关产业投资基金的基本内涵、特点、组织形态及模式；在此基础上，整理与归纳了产业投资基金对公司治理、公司绩效以及基金退出等影响的相关研究文献，并进行相应述评。本书进一步分析了产业投资基金发展现状及运营机制。通过分析产业投资基金的代表性案例，系统地总结了产业投资基金的发展现状，详细地阐述了产业投资基金的运作机制、运作流程、风险控制措施及绩效评价方法等。

在此基础上，本书进行了两部分实证分析。第一部分为产业投资基金投资绩效影响因素的实证分析。通过对产业投资基金退出现状进行深入分析，提出产业投资基金投资绩效的相关问题及假设，选取相关变量并进行说明，建立实证模型并进行回归分析。研究结论表明：产业投资基金的行业经验（从业时间）对其投资绩效水平的影响并不显著；而产业投资基金的资本规模对其投资绩效水平起着一定的积极作用；产业投资基金的投资周期、投资规模与其投资绩效水平呈显著负相关关系；行业对产业投资基金的投资绩效水平有着重要影响，相较于传统产业，对高新技术产业进行投资能获得较高资本收益；而产业投资基金的注册地址与其绩效水平并不相关。第二部分为产业投资基金、公司治理与公司绩效的实证分析。该部分系统地探讨了产业投资基金对公司治理及公司绩效的影响，并进行实证检验。通过主成分分析方法，选取公司治理综合指标，量化公司治理水平，得出公司治理指数；通过盈利能力、发展能力、经营能力等指标综合评估产业投资基金对企业绩效的影响；构建中介效应模型并实证检验了产业投资基金、公司治理与公司绩效三者之间的内在联系。研究结论表明：产业投资基金的介入能够提高公司治理水平，对公司绩效有着正向影响；产业投资基金持股比例越高，公司治理水平越高，公司绩效越好；相较于其他类投资基金，产业投资基金对公司治理水平的影响更大；产业投资基金、公司治理与公司绩效三者之间存在传导效应，公司治理起着中介作用。

在此基础上，本书提出了产业投资基金的发展对策及战略选择。结合前文研究，本部分提出了产业投资基金的发展对策、方向定位及模式选择；确立了产业投资基金发展战略原则及措施，并针对企业如何运用产业投资基金的资本支持和增值服务提出了相应对策建议。最后，对本书的研究结论进行归纳和总结，对本书的研究局限做出说明，并对未来的研究方向提出了相应建议。

整体而言，本书通过系统梳理产业投资基金的相关研究文献，借鉴前人的研究，深入探讨了产业投资基金、公司治理、公司绩效之间的内在作用机理，以及产业投资基金投资绩效的影响因素。

本书有以下几个创新点：

（1）对产业投资基金的基本内涵进行了较为清晰的界定。查阅相关文献，当前国内关于产业投资基金的研究较少，认识尚停留在较为狭窄的层面上，存在以下几个认识误区：一是简单、粗略地将产业投资基金限定为一种金融直接融资工具或投资金融产品，忽略了产业投资基金的其他特性内容（投资范围、对所投资企业经营管理的介入等）；二是一些研究将产业投资基金与普遍的私募投资基金或一般的风险投资基金等简单等同，忽略了产业投资基金的政府背景特征，以及政府在其中所起的引导、支持作用。本书试图通过界定产业投资基金的基本范畴与内涵，明确产业投资基金在当前我国经济结构转型与产业结构调整升级中的重要作用。本书认为产业投资基金集中表现为政府单位针对某一特定行业进行导向性的集合投融资的一种管理型资本，是为了促进产业成长、解决产业普通渠道融资困难而进行的金融创新实践，是以实现产业政策为投资原则、产业引导为主要目标，促进经济结构转型与产业结构调整升级而设立的投融资机制。

（2）构建了公司治理中介效应模型，实证检验了产业投资基金、公司治理和公司绩效三者之间的内在联系。其中，通过主成分分析方法，选取了董事会特征、股权结构特征、管理层特征三个方面共 9 个指标对公司治理水平进行量化分析，得到公司治理指数，并从盈利能力、发展能力和经营能力三个方面综合评价公司绩效。研究发现，产业投资基金通过优化被投资企业公司治理进而促进公司绩效的提升，公司治理水平在产业投资基金与公司绩效之间起着中介效应的作用。

（3）考虑到产业投资基金与其他类投资基金之间存在差异，本书探讨了产业投资基金与其他类投资基金对公司治理的影响效力。研究发现，产业投资基金相较于其他类投资基金对公司治理水平的影响更大；通过分析产业投资基金投资绩效的影响因素，发现产业投资基金的投资绩效低于其他类投资基金，这间接地说明了产业投资基金对投资项目的筛选并不完全以投资收益作为主要考量，还要帮助政府实现其制定的产业发展战略，以推动地方经济社会统筹发展。

路祖强

2022 年 1 月

目　录

1 绪论

1.1 研究问题与背景

改革开放 40 多年来，我国经济持续经历了多年高速增长，在 2010 年之前，成功维持了 10% 以上的年增长率，远远高于同期世界经济平均年增长 3% 的水平，综合国力不断增强，国际地位显著提高。然而，受国内外多重因素相互交织作用的影响，当前我国经济发展面临多重挑战，诸如国内产业结构不合理、创新能力不强、资源环境约束加剧等问题，导致我国经济增速明显放缓。至 2007 年我国经济增速达到 11.9% 的相对高点后，2010—2015 年我国经济增速相继回落到改革开放以来的历史低位，2014 年我国国内生产总值同比增长 7.4%，2015 年我国经济增速仅为 6.9%。依靠高投资、高消耗、低效率的传统发展方式正在耗尽经济增长动力，迫使我国必须进行产业结构调整升级和消费结构优化，以促进代表产业发展方向的高新技术产业、起基础支撑性作用的基础设施产业和其他应该起支柱作用但未能实现其功能的产业发展壮大。

我国产业结构调整升级是一个系统工程，需要综合地采取措施，才能有效促进其协调发展。其中金融体制改革和创新是关键，因为产业结构的调整和新兴产业的发展离不开金融体制机制创新。国内外经验表明，产业资本和金融资本的融合是产业加快发展的有效途径。作为产业资本与金融资本融合的产物，产业投资基金的产生和发展是我国投融资制度和金融工具创新的重要成果，是连接产业市场和金融市场的纽带。由于产业投资基金在促进产融结合、提升资本运营绩效等方面所起的作用日益显现，引起各界广泛关注（黄奇帆，2014）。作为一种新型直接投融资工具，产业投资基金日益成为国家经济战略发展中的重要实现手段和途径（张晋莲，2013）。2011年政府工作报告首次明确表示，提高直接融资比重，发挥好股票、债券、产业投资基金等融资工具的作用，更好地满足多样化投融资需求；正视社会融资需求的异质性，发挥以产业投资基金为代表的新型投融资工具的作用。2014年10月，李克强总理在国务院常务会议上再次提及"积极引导和支持社会资金，发起和创立产业投资基金，逐步引导社会资金市场化使用，政府相关单位可以采取购买产业投资基金份额等方式，积极引导并支持产业投资基金发展"。这意味着，产业投资基金的发展与成长得到了从中央到地方各级政府的高度重视。这充分表明了我国产业投资基金发展有良好的政策环境和巨大的发展空间，体现出产业投资基金在推进我国产业结构调整升级中所起的重要作用。

此外，在我国政府的政策支持下，产业投资基金虽然有了一定程度的发展，但作为具有中国特色的政策性投融资工具，在有关产业投资基金的运行机制机理和相关理论研究的许多方面仍面临较多的问题与困难。其中，宏观层面的问题表现在以下三个方面：一是我国产业投资基金整体发展水平较低，资金来源有限；二是产业投资基金未形成完善的市场体系，运作较不规范，缺乏有效的风险防控机制；三是产业投资基金促进产业发展的效力较低，尤其是对于创新型产业与基础战略性产业的促进作用还需进一步提升。微观层面的问题表现在以下三个方面：一是产业投资基金自身的运营机制与体系存在较多缺陷，基金建立、运作、退出等环节的相关制度设计与评价不完善。二是相关研究更多集中于对其功能实现、运营机制、制度设计等方面的探讨，但任何产业政策的最终实现归根结底依赖于产业中的相关企业的发展及绩效水平的提高。相关产业对产业投资基金需求端——微观层面的企业的相关研究较少。产业投资基金对企业的治理结构水平、运营绩效等方面的影响作用及内在联系仍缺乏系统、深入的分析研究。三是对影响产业投资基金从企业退出行为及投资绩效的影响因素，仍缺乏相关深入的研究。

依据上述问题，本研究采用理论与实证相结合的研究方法，拟深入探讨以下内容：结合产业投资基金政策制定及实践经验，清晰地界定我国产业投资基金的基本内涵；根据产业投资基金运作流程，探讨产业投资基金运作机制、风险控制措施及业绩评价方法；基于上市公司数据，建立研究模型，系统分析产业投资基金对被投资企业公司治理及绩效作用的内在机理；实证分析影响产业投资基金投资绩效的因素；系统探讨我国产业投资基金发展战略原则、发展方向定位及发展模式等内容，为促进产业投资基金的发展提供政策建议。

1.2　研究意义

1.2.1　理论意义

在现有关于产业投资基金的研究文献方面，国内学者研究集中在诸如产业投资基金的宏观发展政策及其自身功能实现、运营机制、制度设计等方面，而对产业投资基金需求端——微观层面的企业相关研究则较少。本书的研究意义主要体现在以下几个方面：

（1）本书试图构建有关产业投资基金研究的基本理论框架，包括：一是对产业投资基金的基本内涵、特征、发展现状及趋势进行清晰界定；二是对产业投资基金的组织形式进行有效分类，并探讨其运作机制、运作模式、风险管理措施及绩效评价方法；三是提出产业投资基金发展战略原则、方向定位及具体策略等。这为开展针对该领域的系统研究做好了铺垫。

（2）本书通过深入分析产业投资基金投资绩效的影响因素，提取主要影响因子，建立实证模型，依据产业投资基金退出回报数据进行实证分析。这为进一步针对产业投资基金退出的研究进行了有益尝试。

（3）本书试图通过构建实证模型，深入探讨产业投资基金对被投资企业公司治理、绩效的影响。其中，本书采用主成分分析方法对公司治理水平进行量化，提取公司治理指数；同时，从企业的盈利能力、发展能力和经营能力三个方面综合评估公司绩效水平；试图通过中介效应模型深入分析产业投资基金、公司治理和公司绩效三者之间的内在联系。这些研究一定程度上揭示了产业投资基金对被投资企业的内在作用机理。

总之，本书是对目前该领域研究的有效扩展和补充，也将从理论上丰富对中国产业投资基金的认识，为对产业投资基金的研究提供思路、方法和借鉴，为解决产业投资基金发展中的相关问题提供理论指导。

1.2.2 实践意义

目前，国内学者对产业投资基金范畴界定、基金内在运营模式和运行机理等开展了一系列构想与研究，但以定性研究为主，且未深入分析产业投资基金及被投资企业的实体案例。本书的实践意义在于，首先，本书将从投资全周期视角即募（融）资、投资、管理、退出四个环节，分析产业投资基金的运作机制、运营能力、风险管理水平等，为产业投资基金的自身发展提出实操性建议，并从产业投资基金发展战略原则、方向定位等方面提出政策性建议。这对进一步优化我国产业投资基金投融资管理模式，促进产业投资基金健康发展具有很好的实践价值。其次，对被投资企业如何使用产业投资基金的资本支持及增值服务提出有效建议，有助于被投资企业提质增效。

1.3 研究目标、内容及技术路线

1.3.1 研究目标

本书拟从产业投资基金的政策性属性出发，对产业投资基金的基本内涵进行清晰界定，结合相关经验研究，搜集整理产业投资基金绩效、被投资企业等相关信息及数据，深入探讨产业投资基金对被投资企业公司治理、绩效的作用机理；结合相关经验研究建立实证模型深入分析产业投资基金投资绩效影响因素，为产业投资基金的发展提出一定的策略建议。

1.3.2 研究内容

本书共分为七章，具体安排如下：

第一章为绪论。本章对本书的研究问题、背景、意义、内容、技术路线以及创新点进行简要的说明。

第二章为文献综述及理论分析。本章对产业投资基金的基本内涵进行界定，深入分析产业投资基金的基本特征、组织形态等内容；对产业投资基金对被投资企业的影响机理，公司治理、公司绩效及产业投资基金退出等相关经验研究进行梳理、分析、总结并进行述评。

第三章为我国产业投资基金发展现状及运营特征。本章以产业投资基金相关代表性案例基本运作方式、组织机构等内容总结产业投资基金发展态势；从产业投资基金投资全周期视角分析其运作机制、运作流程、风险控制措施及绩效评价方法等内容。

第四章为产业投资基金投资绩效影响因素的实证分析。结合相关经验研究，建立实证模型，对产业投资基金投资绩效进行深入探讨。

第五章为我国产业投资基金的社会效益：基于完善被投资企业公司治理视角的实证分析。产业投资基金的社会效益是指产业投资基金在推动国家和地区主导产业发展方面所做的贡献，具体表现为其在完善国家和地区主导产业企业公司治理结构、提高主导产业企业公司治理水平和运营绩效方面的促进作用。本章拟从完善主导产业企业公司治理机制视角，对产业投资基金与主导产业企业公司治理效率之间的关系进行实证研究。

第六章为我国产业投资基金发展的政策建议。结合前文的研究，本章据此提出了产业投资基金的发展对策、方向定位及模式选择，确立了产业投资基金发展战略原则及措施，并为企业如何运用产业投资基金的资本支持和增值服务提出了相应对策建议。

第七章为结论与展望。本章对本书的研究结论进行归纳和总结。在此基础上，对本书的研究局限做出说明，并对未来的研究方向提出了相应建议。

1.3.3　研究的技术路线

根据本研究的思路及内容，将本书的研究技术路线拟定如图 1-1
所示。

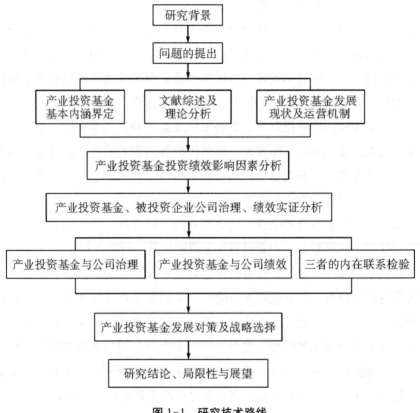

图 1-1　研究技术路线

1.4　研究可能的创新点

本书通过系统梳理产业投资基金的相关研究文献，借鉴前人的研究，
深入探讨了产业投资基金、公司治理、公司绩效之间的内在作用机理，以
及产业投资基金投资绩效的影响因素。本书有以下几个创新点：

（1）对产业投资基金的基本内涵进行了较为清晰的界定。查阅相关研究，当前国内关于产业投资基金的研究较少，认识尚停留在较为狭窄的层面上，存在以下几个认识误区：一是简单、粗略地将产业投资基金限定为一种金融直接融资工具或投资金融产品（如张国栋，2011 等），忽略了产业投资基金的其他特性内容（投资范围、对所投资企业管理机制影响等）；二是一些研究将产业投资基金与普遍的私募投资基金或一般的风险投资基金等内容简单等同，忽略了产业投资基金的政府背景，以及政府在其中所起的引导、支持作用。本书试图通过界定产业投资基金的基本范畴与内涵，明确产业投资基金在当前我国经济结构转型与产业结构调整升级中的重要作用。本书认为产业投资基金集中表现为政府单位针对某一特定行业进行导向性的一种集合投融资的管理型资本，是为了促进产业成长、解决产业普通渠道融资困难而进行的金融创新实践，是以实现产业政策为投资原则、产业引导为主要目标，促进经济结构转型与产业结构调整升级而设立的投融资机制。

（2）深入探讨产业投资基金对被投资企业的影响路径和作用机理。当前，有关产业投资基金的研究更多集中于理论模型分析与政策探讨（如：季敏波，2000；张晋莲，2013；张圣楠 等，2010；袁苏苏，2014），相关实证研究尤其是国内相关研究还十分匮乏，产业投资基金对被投资企业的影响路径和作用机理缺乏系统研讨。本书通过构建公司治理中介效应模型实证检验了产业投资基金、公司治理及公司绩效三者之间的内在联系。运用主成分分析方法，选取董事会特征、股权结构特征、管理层特征三大方面共 9 个指标对公司治理水平进行量化分析，得到公司治理指数；并从盈利能力、发展能力和经营能力三个方面综合评价公司绩效。研究发现，产业投资基金通过优化被投资企业公司治理水平进而促进公司绩效的提升，公司治理水平在产业投资基金与公司绩效之间起着中介效应作用。

（3）产业投资基金的差异性。考虑到产业投资基金自身特质，与其他类投资基金之间存在差异，本书类比产业投资基金与其他类投资基金对被投资企业公司治理影响效力。研究发现，产业投资基金相较于其他类投资基金对公司治理水平的影响更大；通过分析产业投资基金投资绩效的影响因素，发现产业投资基金的投资绩效低于其他类投资基金，间接地说明产业投资基金对投资项目的筛选并不完全以投资收益作为主要考量，还要帮助政府实现其制定的产业发展战略，以推动地方经济社会统筹发展。

2 文献综述及理论分析

一些学者的研究表明，具有国有背景的风险投资基金能有效推动产业结构调整升级，诸如促进传统产业转型升级和高新技术产业发展，推动基础设施产业与战略支撑产业蓬勃发展等，很好地提高了产业投资与资源配置效率（Leleux，2003；高霞，2011）。产业投资基金虽是中国特色产物，但其通过投融资行为，在解决被投资企业融资的瓶颈，快速地实现产业重组，深化企业公司治理结构改革，提升企业经营管理能力，进而推动企业上市等方面有重要作用（艾丹，2009）。产业投资基金在中国发展时间较短，对它的认识还处于初级阶段，因此，对产业投资基金相关经验及理论研究等进行梳理总结，将有助于提高产业投资基金的投资者、管理机构乃至行业从业人员等对产业投资基金基本内涵和理论框架的理解与认识。

2.1 产业投资基金的定义

发达国家对风险投资基金有着丰富的理论研究与实践经验，认为风险投资基金是投资于目标企业的一种投资基金品种，是为了解决企业融资瓶颈而产生的一种金融创新工具。这对我国产业投资基金的研究有着重要启示。

产业投资基金是我国的特色金融工具，发展时间较短。学术界对产业投资基金的界定存在较多的分歧，没有给出较为规范化的定义，导致我国产业投资基金与风险投资基金或私募股权投资基金的概念混淆，相关市场操作运营模式边界不清。部分学者认为，产业投资基金是以特定产业为投资对象、以追求长期资本收益为主要目标，属于长期收益成长型投资基金（张国栋，2011），附带引导对该产业有兴趣的投资人进行投资，从而扶持、推动产业发展壮大（欧阳卫民，1997；季敏波，2000）。也有部分学者从产业投资基金的投资行为与角度认为，我国产业投资基金就是指私募股权投资基金，投资于具有高成长性与增长潜力的未上市企业，并参与企业经营管理，在企业发展成熟后通过股权转让获得资本增值收益（郭广良，2010）。事实上，我国产业投资基金的发展与一般的风险投资基金或私募股权投资基金存在明显的区别。

2006年，国务院发展和改革委员会针对我国产业投资基金的发展实际，制定了《产业投资基金暂行管理办法》。该办法明确了产业投资基金对深化我国投融资体系改革，促进我国产业结构调整与产业优化升级有重要作用。对产业投资基金的基本概念、发起与建立方式、运作基本体系及相关利益方的基本权益保障等做出了一定程度上的解释与确立。《产业投资基金暂行管理办法》指出："产业投资基金是指一种对未上市企业进行股权投资和提供经营管理服务的利益共享、风险共担的集合投资制度，即通过向多数投资者发行基金份额设立基金公司，由基金公司自任基金管理人或另行委托基金管理人管理基金资产，委托基金托管人托管基金资产，从事创业投资、企业重组投资和基础设施投资等实业投资。"其中，对产业投资基金的基本阐述和定义解释，可以知道国家将产业投资基金界定为股权投资基金，但对投资范围并未进行限定。从2006年以来国家发展和改革委员会审批的产业投资基金来看，产业投资基金以满足特定产业的需要或扶持特定产业发展而设立，因此，产业投资基金本身的设立具有特定的目标和产业限定，以实现产业政策目标（如第一批设立的渤海产业投资基金、西部第一支产业投资基金四川绵阳高科基金、苏州创业投资集团有限公司设立的中新高科产业投资基金等）。

2008年，国家三部委（国家发展和改革委员会、财政部和商务部）联合下发的《关于创业投资引导基金规范设立与运作指导意见》指出，政府应设立创业引导基金，通过扶持创业投资企业发展，改善和调整社会资金配置，引导社会资金进入战略性新兴产业领域，有效地促进我国产业结构转换和升级，实现我国产业发展壮大。政府的角色由之前的主导作用转型为引导作用。产业投资基金的内涵逐步扩大化，形成了以政府和国有企业为背景的政府产业引导基金、创业投资引导基金及科技型中小企业创新基金等金融工具。作为资本市场的重要主体之一——政府，通过直接或间接参与的方式，引导并规范产业资本市场的投资行为，以市场化运作方式投入技改、技术进步和科研开发产业化等方面，加大产业重组、企业并购力度，促进经济结构调整、产业结构调整和资源优化配置，极力推动我国国民经济发展和产业结构转换升级。

2.2 产业投资基金相关理论分析

作为一种创新金融工具，我国产业投资基金发展，无论由政府主导或引导，其产生和运行都有相应的理论来支撑。产业投资基金除了遵从一般投资基金的理论外，还拥有自身独特的理论基础。

2.2.1 产业壁垒与规模经济理论

产业壁垒理论是产业经济学体系中的一个重要概念。具体来说，某一产业从萌芽、发展直至成熟均需要一定的资源和要素作为支撑。从理论上讲，完全竞争市场中，资源或要素的拥有者，能根据产业的发展前景与盈利状况，选择是否进入或退出某一产业。但在现实环境中，资源与要素并不能完全自由地进入或退出某一产业。生产者进入或退出某一产业的决定因素包括两个方面：一是人为因素，比如在位企业可以通过压低产品价格等方法阻止新的企业进入；二是非人为因素，包括研发能力、资金规模、运营管理能力等。其中，因资金规模限制而形成的壁垒严重地影响了产业发展。例如，高新技术产业、战略支撑型产业、基础设施产业对资金需求较大，尤其在这些产业发展初始阶段，其发展资金很难由单个金融机构提供，如果没有政府单位的积极引导，相关产业甚至可能无法迅速发展。

规模经济是产业经济学理论体系中的又一个重要概念。其内涵可表述为，在一定范围内，企业的平均成本将随着其产品产量的增加而逐步降低。企业生产者需结合自身实际情况，调整生产能力，使生产规模匹配实际需求水平，从而实现产品成本和企业利润达到最优状态的目标。当市场需求旺盛时，生产者通过扩大生产规模，以降低生产成本；当市场需求降低时，生产者则会减小生产规模，实现生产规模最优化。当前，我国传统产业普遍存在产能过剩现象，生产能力的提升，不仅不能产生经济效益反而提高了企业成本。与此同时，诸如较多高新技术行业的企业，由于处于发展初期，融资能力有限，加之技术方面的约束，也未达到效益最优化。由此，在政府单位大力支持下发展产业投资基金，可以很好地助推传统产业转型升级与高新技术产业发展壮大。

产业投资基金的实践中，应在投资壁垒和规模经济等基础理论的指导下，通过产业投资基金，引导社会资金进入高新技术产业、基础设施产业和战略性支撑产业，可为实现我国产业结构调整升级提供重要的资金来源。

2.2.2 企业投资理论

经学术界的多年研究，宏观经济学中的投资理论已形成较为完善的理论体系，并衍生出了不同的研究流派。其中，以凯恩斯为代表的学者，建立了投资学派的发展的理论基石。目前，在国外发达国家基本教学和理论研究中，大部分以凯恩斯投资理论、新古典投资理论作为投资学的基本依据。

1930 年，凯恩斯主义投资理论开始兴起。该流派以凯恩斯的著作——《就业、利息和货币通论》作为理论基础，后经相关学者的补充完善，形成了较为完整的理论知识体系。该理论以投资需求为基本起始点，指出投资效益和资金利率之间有着反向关系，而投资效益与资金边际效率呈现出正向关联。凯恩斯主义投资理论从宏观层面揭示了影响公司投资效益的重要因素，即资本边际效率和利率，对后续的投资理论有着深刻的影响。不过，学术界随后的研究则认为投资效益的影响因素众多，将其原因简单归结于投资边际效率和资金利率是不完备的。由此，20 世纪五六十年代，

Jorgenson（1963）提出了新古典投资理论，其以生产厂商理论为出发点，提出投资者的决策建立在市场需求和供给的基础上，市场均衡价格受市场价格波动的影响，价格上升应提高投资水平，反之应降低投资水平。

企业投资是其持续发展的重要支撑和预期效益的保障。但是，由于存在较多不确定因素，投资活动在获得收益的同时也可能面临损失，投资能促进公司发展也可导致其经营危机。产业投资基金虽带有一定政策性，但保护投资者获取合理收益也是其主要目标，因此，以投资理论为基础，探究产业投资基金的运作机制、风险控制与业绩评价体系，对于提高产业投资基金投资水平与投资效益，具有重要意义。

2.2.3　投资组合理论

分散投资的理念在人们的生活中早已存在，如"鸡蛋不能全放在一个篮子里"。投资组合理论正是体现了这一基本内涵。一般意义上的投资组合管理主要针对证券投资。现代投资组合理论注重对整体组合风险与收益的把握，以提升整体组合价值。资产组合理论的起源可以追溯到 1935 年 Hicks 提出的证券资本市场投资分散理论，在其重要的著作《关于简化货币理论的建议》一书中详细指出了"从事多个独立投资的风险总和并不能简单地等同于各独立投资的风险叠加（张晋莲，2013）。在多数情况下，从事多个独立投资的风险小于将全部资金投资于单个方向。当存在多个独立投资且投资方向足够分散时，整体的投资风险将大大降低"。这一论述表明，投资虽然有风险，但风险可以分散，组合投资能大大降低风险，这便是资产组合理论的初步思想。但其对投资组合决策以及投资组合对最终效益的影响路径却并没有进一步探究，这也是现代投资组合理论研究的重点内容。

2.2.3.1　均值-方差有效性理论

现代资产组合理论研究的重要方向，就是在多种不同类别以及不确定条件下，建立有效边界进行最优投资组合决策以及如何通过分散投资降低风险。作为现代资产投资组合理论的奠基人 Markowitz 在其重要的研究著作《资产选择》中，提出了 Markowitz 均值-方差模型，开启了现代投资组合理论研究的重要起点，对投资理论界和实务界都产生了极大的影响。其理论以投资者投资偏好为基础，提出了基于效用理论（价值判断的一种重要思想）的均值-方差分析思路；强调不相关性对降低投资风险的重要作用，着重于各独立的投资主体对风险的不同偏好进行资产组合选择分析，从而进行最佳投资决策。

Markowitz 提出了多种假设条件：一是证券资本市场是有效的，证券的票面价格能较好地反映证券的内在价值，投资者对证券信息把握较为充分，能知晓投资收益的分布可能性。二是投资者在进行投资时，只需要关注投资收益概率分布中两个关键的因子，即投资预期回报率和方差。通过两个关键因子对投资组合进行评价。投资预期回报率是投资者对投资收益率的判别，方差反映出投资者对投资风险的预估。三是投资者对风险是厌恶的，以实现最大期望收益和最小风险水平为目标。四是投资的交易成本和税收水平将不纳入成本核算（或忽略）。五是在投资组合中，各证券的预期收益率存在一定的相关性，能用各种证券收益率之间的相关性指数或协方差来表达。

根据上述假设，Markowitz 建立了投资组合预期收益或风险模型，设定资产组合优化配置即 Markowitz 均值-方差数学模型。

设定 X_i（$i=1, 2, \cdots, n$）表示为 n 种不同的风险资产的投资收益率，W_i（$i=1, 2, \cdots, n$）表示为不同资产在投资组合中的权重。

设定 $X = (X_1, X_2, X_3, \cdots, X_n)^T$，$W = (W_1, W_2, W_3, \cdots, W_n)^T$，$I = (1, 1, 1, \cdots, 1)^T$，$\delta_{i,j}^2 = cov(X_i, X_j)$，$\sum (\delta_{i,j}^2)_{n \times n}$，则有：

$$\min \delta_p^2 = W^T \sum W - I \qquad (2-1)$$

限定条件：$W_I^T = 1$，$W^T E(X) = \mu$

其中：μ 表示投资者组合收益率，W_i、W_j 分别表示资产 i 和资产 j 在组合中的权重。δ_p^2 表示投资组合的方差即投资组合总的风险水平，$cov(X_i, X_j)$ 表示投资组合中各投资之间的协方差即投资收益率的相关程度。式（2.1）表示在限定条件下，可以通过拉格朗日（Lagrange）乘数法对公式进行求解，计算出在投资组合总风险 δ_p^2 最小的情况下各资产的投资比例。该理论的重要性体现在将多种资产类别的组合选择方式从复杂的多维角度简化为两个重要的平衡因子，即投资回报率与其方差。将复杂而模糊的投资模型简化为均值-方差分析，并提出了对多样投资标的投资组合进行最优配置的计算方式和方法。自马柯维茨提出投资组合理论以来，该理论被广泛应用于投资分析中，对投资理论界和实务界都产生了极大的影响。但这一理论也存在一些问题，比如该理论将期望报酬率和方差估计作为证券组合"收益与风险"的度量的设想，只不过是对现实的理想化和抽象化。他把资产组合的风险定义为证券报酬围绕在期望报酬附近波动，而且假设这种波动呈现出对称性分布。事实上，这一假设在有些情况下并不成立。为提升该理论的实用性，20 世纪 60 年代后，夏普、林特纳及罗斯对马柯维茨的理论进行了更深入的探讨和修正，提出了资本资产定价理论和资产套利理论，为推动现代投资组合理论发展起到了重要作用。

2.3 产业投资基金与公司治理

2.3.1 公司治理理论概述

2.3.1.1 委托代理理论

企业制度变迁遵循着一定的规律性，从人类生产活动的开始到企业集团的逐步建立，企业制度由古典转向了现代，企业组织形态由低级转向了高级（Jensen，1976）。随着生产力的提升以及社会分工细化，企业所有者的自身能力和专业技能难以适应企业持续发展，需将部分经营管理权利委托于拥有专业能力的职业经理人，这就形成了委托代理关系。Michael（1976）将这种代理关系定义为一种代理人（职业经理人）与委托人（企业所有者）之间的契约关系，委托人将公司经营决策及部分权益授权于代理人，命其实施经营活动。代理人按照契约及约定的内容为委托人履行某些责任，从委托人的利益出发，经营管理企业。但是，随着社会分工细化，作为理性的代理人拥有自身的利益考虑。在企业经营活动中，其不一定以委托人利益为最终目标实施决策，反而在拥有企业控制权的情况下追求自身利益，这就导致委托人与代理人之间的目标偏移，委托代理问题由此产生。

随着企业制度的不断变迁，现代企业发展呈现出不同的特征，股权分化、两权分离等一系列内容随之而来，由于这些特征的存在导致诸多问题的产生，可将其综合归类统称为公司治理问题。公司治理问题已成为现代公司内外部问题的关键内容。股权分化作为现代公司治理的重要特征，其产生和发展存在一定的缘由与特点，伴随公司的逐步发展，股权结构由集中逐步转向分散，经历着由部分人持股到社会大众持股，再到各级机构法人持有公司股份的推进过程。在经济发展历程中，作为个体的公司组织形态，其股权结构分化对经济金融发展有着正反两方面的重要影响：有利的一面是，现代公司股权分化下，各级财权关系得以明确化，无论是持股个人还是机构法人，都拥有清晰的权益保障并通过持有股份获得相应的权益，同时也承担公司的风险责任；同时，股权分化能促使现代公司投融资体系得以建立和完善，促进资本市场的发展壮大。不利的一面是，股权结构分化导致多数人持股，决策不一致，难以达到集体决策的统一，提升了公司治理成本；此外，由于股权分化导致不同类别的股东存在，对于持股比例较低的股东很难影响到公司决策和监督，其自身的建议难以实施，权益保障难以实现。

在现代公司产权制度下，公司所有权和经营权分离，两权分离导致代理问题的产生是诸多学者研究达成的共识。20 世纪 30 年代，美国著名学者贝利和米恩斯在其重要著作《现代公司与私有产权》中，对美国诸多大公司进行了深入研究与考察。研究指出，在现代公司中，公司的所有权和经营控制权已经发生变化，随着经营管理者对公司的管理权利的提升，公司投资者即股东的利益将存在被损害的可能（贝利和米恩斯，2007）。由于公司经营权和所有权的分离，导致经营管理者与公司所有权投资者存在目标不一致，双方主体产生利益冲突，现代公司的运营实质就是在两权分离下公司内部双方的竞争和博弈。具体来说，在现代公司制度下，公司的股份持有者对公司的经营管理不再参与或参与较少，而经营者对公司实行具体的经营管理事务。在这种情况下，公司股东的利益和经营管理层的目标取向存在不一致，甚至存在冲突，即公司所有权者作为公司委托人，与实际经营管理者作为公司代理人的目标效用函数存在偏差（张维迎，1996）。与此同时，受经济环境的影响，市场存在诸多不确定因素，委托人和代理人之间的信息不对称可能导致企业出现内部矛盾，制约公司发展。例如，公司代理人受聘于公司所有者，出于自身利益的考量，控制公司经营达到自身的利益目标，损害所有者的利益，产生诸多的不良影响。由此，学术界与实业界加深了对现代公司治理的研究与探讨，公司治理概念由此产生。

2.3.1.2 公司治理的内涵

由于研究的出发点和视角不同，对公司治理内涵的界定存在较多的观念，彼此之间也存在较大的差异。西方学者对公司治理基本概念的定义，着重于对公司股东利益的保护及公司利益相关者的利益两方面，强调建立相关的抑制和监督经营管理者行为的管理机制。诸如公司股东利益与管理层博弈关系理论（马克·J. 洛，1999）、公司经营管理者控制理论（Oliver Hart）、公司董事会成员激励理论（柯林·梅耶尔，1994）、公司利益相关者权益保护理论（希克，1993）、公司经营管理者责任论（布莱尔，1999）等。

我国国内学者对公司治理的定义也有较为丰富的研究，主要形成了以下几个重要的理论：公司内部权力制衡理论（吴敬琏，1996）、公司所有权结构与公司治理机构关系理论（张维迎，1996）、公司经营层激励与股东利益保护（周小川，1999）、公司权力制约平衡理论（杨瑞龙，1998）、公司股东及利益相关者制度安排理论（李维安，2001）。

对国内外公司治理的相关内容进行归类，发现其对公司治理内涵的阐述，可以划分为以下三个重要方面：

（1）以制度统筹安排为核心内容。部分学者对公司治理的内涵定义为一套制度的统筹安排，用以平衡和监督公司利益相关者，诸如投资人、经营管理层、公司员工之间的权利和责任关系，通过制度安排实现公司利益相关者的利益协调发展。在这种制度安排下，需考虑的内容是多方面的，包括公司股东如何建立和配置监督权利；公司管理层和员工的绩效评价；公司内部激励措施等。总体来说，良好的公司治理结构能够建立一套完善

的制度机制，实现公司利益协调与平衡，从而能降低公司代理人的成本内容。（钱颖一，1995）

（2）以内部结构建立为关键。结构学说指出，公司治理的有效实施需建立在一套完善的公司治理结构基础上，即公司治理结构。所谓公司治理结构，即公司所有者、公司董事会管理层、公司高级管理人员之间的权利结构组织形态。在这种组织形态下，公司所有者、公司董事会管理层、公司高级管理人员之间的利益相互制衡，相互协调，达成一致的目标。通过公司治理结构安排，公司所有者将公司经营管理委托于公司董事会。公司董事会是公司经营管理的最高执行和管理机构，负责对公司经营人员的选聘与解雇。公司高级管理人员受聘于公司董事会，对公司实施具体业务经营管理，对公司董事会负有责任，在董事会的授权下执行经营管理。（吴敬琏，1993）

（3）以契约为基本内容。契约学说将公司治理的内涵界定为一套契约制度，公司利益相关者通过建立一套契约制度，实施公司治理。通过契约制度安排，有效、合理地配置公司剩余索取权利和公司控制权利，形成各利益目标主体相互约束和相互制衡的制度措施，使得公司目标利益群体之间达成目标一致，利益和权利关系得以平衡，保证各利益相关者的利益和权利关系顺畅，从而提升公司的决策效率，实现利益目标。（杨瑞龙，1999）

以上对公司治理内涵的界定存在较多的差异，这也使得公司治理内涵得以丰富和发展。但总体上还存在以下不足：一方面，上述解读和定义将公司治理的目标内容限定为利益主体之间的权利制衡，忽略了公司治理决策的科学性发展；另一方面，着重对公司治理结构的建立与完善，忽略了相关配套的机制和制度的建立。综合国内外相关学者的研究，我们可以对公司治理内涵做出如下解读：公司治理的内涵就是通过建立一套正式性或非正式性的机制，综合考量公司内外部发展实际，协调平衡公司各利益相关者主体之间的关系，以保障公司决策的科学性，最终实现各利益相关者的目标。总体来说，公司治理不仅包括保护内外部机制的建立，也包含相关组织架构的设计。只有这样，才能实现公司整体利益的最大化。

总之，公司治理的内涵可以理解为现代公司制度下，在产权结构清晰明确的同时，对公司进行科学管理和控制的制度与结构体系，是控制、平衡公司利益主体的一种机制安排，是公司利益相关者目标利益实现的保障。简单地理解，公司治理就是保护公司董事会功能与结构、公司董事与经营管理层之间的权责利方面的科学协调。但从发展实际看，公司治理制度总体上需解决以下三个重点内容：一是公司各利益相关者主体之间的利益平衡问题和社会责任的实现；二是公司经营管理层的能力核定以及如何保障公司管理层决策的科学性、合理性；三是公司管理层的激励机制的建立，促使公司管理层与公司股东利益保持一致，从而实现公司整体价值的提升。

2.3.1.3 公司治理结构的研究主题

通过对公司治理内涵的界定，我们可以看出，国外学者对公司治理问题的研究关键点在于如何完善公司治理机制，以及如何实现对公司的有效控制和如何监督公司管理层经营管理行为，从而保障公司利益相关者的利益得以实现，提升公司整体价值。在这一重点研究内容下，公司治理结构的研究主题存在一定的延伸思考，诸如对公司管理层人员的薪酬设置、公司股东利益损害诉讼事件、公司机构法人持股比例的提升等。而我国学者对公司治理的研究主题也存在一定的延伸内容，例如：我国国有企业改制，国有资产流失的治理问题，国有企业的过度投资治理问题，公司股东大会权益保障的问题，公司董事长权利控制问题与董事会功能有效实施的问题，公司监事会和独立董事会功能发挥的问题，我国公司外部治理市场的完善与市场作用的有效性问题，公司高管的天价薪酬问题与公司经营亏损等内容背景。从以上延伸内容可以看出，国内外学者对公司治理的主体研究集中在以下几个关键内容：一是完善公司治理机制，建立合理科学的公司治理机构；二是如何建立现代公司治理结构，实现国有企业公司化改造；三是公司治理中，公司管理人员的薪酬激励问题。

2.3.1.4 公司治理前沿研究

近年来，公司治理内涵越来越丰富，学术界亦取得了诸多研究成果。从理论前沿发展的趋势上看，国内外学者对公司治理的探讨越来越深入，更侧重多种治理机制的深入探究。诸如 Gompers 等（2003）深入研究了公司治理中董事会功能的有效发挥与反收购措施之间的关联。与之相呼应的 Gillan 等（2003）通过行业对比，研究了在反收购条件下，公司治理结构的完善以及治理功能的有效性发挥。Black 等（2006）运用经验研究对韩国大型企业集团的公司治理实践问题做了深刻探讨，通过应用不同的研究视角对企业集团的监管内容、股东权益保障、董事会功能与程序发挥、信息披露做了深入分析和研究，发现大型企业集团的公司治理实践受到政府监督行为的影响。与此同时，研究还发现公司治理结构与行业、企业发展规模和企业风险等有着较强的关联。在韩国企业中，大型企业集团或风险较高的企业集团拥有更为完善的公司治理制度和结构。此外，部分学者研究认为公司治理与经济因素呈现黏性化发展关系，即企业在应对外部经济环境变化时，会择机改变公司治理机制和结构安排。

2.3.2 产业投资基金与公司治理

当前，国内学者对产业投资基金与被投资企业的公司治理关联研究较少，且仅有的研究文献多数局限于股权投资收益视角（钱苹和张祎，2007；张学勇，2011）。国外学者的研究只有风险投资基金和私募股权投资基金的概念，并没有关于产业投资基金的准确定义，虽然这些概念内涵彼此有重合之处，但又有各自相对清晰的边界，比如产业投资基金在追求资产增值的同时，还承担落实政府产业政策的职责，明显具有中国特色①（覃家琦、曹渝，2008；鲁育宗，2008）。国外研究通常以基金的投资行为、标的选择、投资动因等为前因变量，对被投资企业的公司治理影响路径进行研究，这种思路对本书的研究有着重要的启示。本书认为，产业投资基金关注企业公司治理问题的主要原因体现在以下几个方面：

（1）与其他类投资基金相似，产业投资基金介入被投资企业中，产业投资基金与企业创始人及企业管理层人员之间实际是一种委托代理关系（Holmstrom，1979）。因此，产业投资基金对企业信息的了解相对于企业经营管理人员存在不对称，可能导致诸如逆向选择、管理层人员道德风险等

---

① 在本书的行文中，凡引用的外国文献，均没有提及"产业投资基金"这一概念，只有风险投资基金或私募股权投资基金，特此说明。

后果，这无形之中增加了投资的不确定性和风险（Jensen & Meckling，1976）。可见，产业投资基金在介入被投资企业时，应注重考察企业内部治理机制，加深对企业的经营管理和相关治理机制的了解，从而实现对被投资企业行为进行有效的监督和控制的目的，以减少因信息不对称而带来的问题，从而保障获得资本投资增值收益。

Holmstrom（1979）的研究结论表明，风险投资基金为降低投资风险，通常会努力保持其目标与企业管理人员的目标相一致，手段之一便是增强对企业管理人员的激励作用，同时对企业的经营管理和薪酬机制进行监督与完善。Gorman 和 Sahlman（1990）对风险投资基金的投资行为进行了研究，研究结论表明，风险投资基金管理机构会定期对被投资企业的经营管理进行监察、对企业的财务报告等内容进行审查；同时，为保障监督的效力会派遣相关人员入驻被投资企业，担任管理层职务，参与企业管理工作。Sahlman（1990）、Gorman 和 Sahlman（1989）通过研究发现，风险投资基金会对企业的管理往往通过担任企业监事、董事，或帮助其募集资金、制定战略、招募核心团队等方式进行。李涛（2003）通过对私募投资基金的深入研究，认为私募投资基金可以通过分段投资或匹配投资等方式对企业进行投资，降低因信息不对称而导致相关逆向选择或道德风险的发生。

（2）产业投资基金投资处在发展初期或种子时期的企业，这时的企业往往缺乏完善的管理机制和经营经验，为保障投资资金的安全性和后期高额增值，产业投资基金机构往往会利用自身的专业性，介入企业管理，以提升企业的经营管理能力，为企业后期发展奠定基础。Mac Millan 等（1985）的研究表明，风险投资基金管理机构或经理人会利用自身相关资源，拓宽相关渠道，提升企业产品销售能力，同时帮助企业招聘专业管理人才，加入企业中来，以促进企业发展壮大。Hellman 和 Puri（2002）以美国硅谷的创新型企业为研究对象，发现存在风险投资基金介入的企业其运营管理能力较高，公司激励机制较为完善，人力资源管理较为专业。由此可知，风险投资基金作为投资人深入企业治理，主要缘由为对企业管理的监督效力，促进企业经营稳步发展。

以股权作为产业投资基金权益实现的基础，这与风险投资资金和股权投资基金的投资行为趋同，即均对企业的董事会结构及运行施加影响，同时参与企业经营管理，实现对经营管理层的监督。Lerner（1994）以高新生物技术企业为研究对象，研究发现在存在风险投资基金介入的企业中，风险投资基金的董事比例达到 1/3；同时也发现，在初创企业中，由于创始人缺乏相关管理经验，风险投资基金对董事会的影响将更加深入。Lerner（1994）认为，风险投资基金通过对企业战略制定及实施进行有效监督，对企业财务状况进行深入了解，以便参与到企业的经营管理中，并且有权选聘企业相关管理人员。Kaplan（2003）认为，风险投资基金对企业实施监督和管理的方式，应集中在对企业董事会结构进行有效监督，以便企业的战略决策、经营管理等重大内容得以有效地实现。

（3）国内外学者有关资本投资对被投资企业公司治理的影响研究存在两种不同的结论。部分学者的研究表明，资本投资基金对企业的公司治理有着积极的影响，认为投资基金介入被投资企业中，对企业的管理行为和经营行为进行监督，有利于提高被投资企业的治理水平。Jensen 和 Meckling（1976）对风险投资基金持有被投资企业的股权比例进行深入研究，发现风险投资基金持有股份比例越高，对企业的监督效力越高，而因信息不对称产生相关问题的可能性则越低。Timmons（1986）以高科技产业中的初创企业为研究对象，发现风险投资基金的介入，不仅能提高公司治理水平、完善相关制度措施，还有利于企业科技创新能力的提升。Hellman 和 Puri（2000）则对被风险投资基金所投资企业的运作管理进行研究，发现其运作更加专业化。具体而言，表现在采用股权激励方案、对外招聘更加规范合理、更愿意从外部聘任高级管理人员等。其中，最突出的例子就是拥有风险投资基金背景的企业更换创始人首席执行官的概率比没有风险投资背景的企业高出了一倍。Beuselink（2007）的研究结论表明，风险投资基金通过加强对企业的监管，能够在一定程度上提高企业公司治理水平，并获得较高的资本收益。Baker 和 Gompers（2003）通过实证分析方法对企业董事会结构进行深入分析，研究发现，存在风险投资基金背景的企业，其董事会结构较为完善，独立董事在董事会结构中占有比例较高，能有效地发挥其监督效力，因而公司治理水平也较高。Hochberg（2003）的研究也证明了存在风险投资基金背景的企业，具有较为完善的董事会结构，独立董事能有效实施其监督功能。党兴华、贺利平（2008）以我国沪深股市上市公司为研究对象进行实证研究，结论表明，具有风险投资基金背景的企业，风险投资基金在企业董事会结构中的比重及其拥有的特殊权益与企业的成长能力有着重要关联，产业投资基金对企业未来的发展有着积极的影响。Yael（2004）通过类比存在风险投资基金的企业和无风险投资基金介入企业的董事会结构，结论表明，拥有风险投资基金背景的董事会职权实施更为有效，独立性更强，公司治理水平越高。

与此同时，部分学者的研究结论表明，投资基金的介入对被投资企业有着消极的影响。Manigart 等（2002）的研究指出，若投资基金过多介入企业经营管理中，将无形之中提高企业的管理成本，可能导致投资人与管理者之间决策冲突的发生，以致降低企业效率，对企业的发展有着消极的影响。陈翠萍（2004）以问卷调查的形式对风险投资基金背景企业进行访谈，研究发现，风险投资基金参与到企业经营管理的程度表现与其所投资的资金大小有着重要关联。此外，部分产业投资基金研究也发现，产业投资基金以不恰当的方式介入被投资企业的经营管理中，会提高企业经营风险水平，导致投资失败，难以获得较高的投资收益。刘国丰（2009）以我国中小板上市公司为研究对象，通过实证分析方法研究发现，风险投资基金对企业公司治理的影响并不显著，被投资企业引入风险投资基金的主要原因并不是为了提高公司治理水平，而是为了解决企业融资瓶颈问题；同时，通过风险投资基金自身所拥有的关于资本市场专业理解与操作，完善企业自身的股权结构，以期取得上市资格，实现资本市场融资。

也有部分学者认为，以风险投资基金的背景为出发点，将风险投资基金划分为国有投资机构和民营投资机构，发现国有投资机构相较于民营投资机构更能提高被投资企业的公司治理水平。

2.4 产业投资基金与公司绩效

2.4.1 国外研究综述

产业投资基金主要依托自身所具有的资源优势及专业性管理，在为被投资企业提供资金的同时，还积极参与企业管理，这些都会对被投资企业业绩产生重大的影响。在前文已提及，国外学者的研究只有风险投资基金和私募股权投资基金的概念，并没有产业投资基金的定义（张继莲，2013）。Macmillan 等（1989）根据风险投资基金参与方式的差异性，将其划分为三种类型：积极参与型、适度参与型和不参与型。而事实证明，积极参与型被投资企业往往具有更好的绩效水平。Gompers（1995）的研究发现，风险投资基金对企业监督频率越高，企业 M/B 比值、无形资产比重、R&D 集中度往往越高，亦即代理成本越高。Lemer（1995）通过研究发现，风险投资机构与被投资企业的地理距离，与风险投资机构人员出任企业董事的概率负相关，企业 CEO 更替发生的频率与风险投资机构人员出席董事会的频率正相关。Magginson 和 Weiss（1991）对上市公司 IPO 过程中风险投资基金的影响进行了实证分析。结果表明，一是规模较大的风险投资基金更愿意和同一家承销商合作；二是拥有风险投资基金背景的公司与那些没有风险投资基金背景的公司相比较，前者从公司成立到公司上市的时间相对较短；三是拥有风险投资基金背景的公司在 IPO 过程中，对财务投资者和战略投资者更有吸引力；四是拥有风险投资基金背景的公司在上市过程中，其承销商费用和抑价成本较低；五是许多风险投资基金在公司上市后并不会急于套现，而在其 IPO 以后继续持有大量股份。Mikekelson、William 和 Kathleen（1991）深入分析了风险投资基金对上市公司所产生的作用，发现拥有风险投资基金背景的公司与没有风险投资基金背景的公司相比较，前者在 IPO 时给承销商的费用远远低于后者；并且，前者在 IPO 过程中，所选择的承销商和审计师往往更加优秀与出色；另外，拥有风险投资基金背景的公司更容易引起投资者（包括机构投资者和普通投资者）的兴趣，其结果就是拥有风险投资基金背景的公司相对而言能够更早上市；最后，拥有风险投资基金背景的公司上市之初的规模都比较小，而资金募集也比较少。

Jain 和 Kini（1995）通过实证研究分析了风险投资基金对上市公司经营效益的影响。其研究表明，拥有风险投资基金背景的公司与没有风险投资基金背景的公司相比较，在它们的资产规模和销售收入差异不大的情况下，前者的发行价格和发行额度都是要大于后者的，但是前者的现金流量和资产盈利率往往要低于后者；同时，不管是否拥有风险投资基金背景，公司在 IPO 之后的业绩都会在一定程度上下降。这充分表明，为了上市目标的实现，公司都会采取一些盈余管理措施，但是没有风险投资基金背景的公司业绩相对而言要低于拥有风险投资基金背景的公司。在两者市场账面比率和市盈率的比较方面，在上市后的头几年，前者表现更加优秀，但是伴随时间的推移，这两类公司之间的差异会越来越小。所以，Jain 和 Kini 得出结论，风险投资基金对被投资企业的投资质量与参与投资该企业的风险投资机构数量呈正向关系。Brav 和 Gompers（1997）通过对不同公司在 IPO 以后的成长业绩进行深入分析，在全面分析不同类型的投资回报以后，IPO 以后的 5 年内，没有风险投资基金背景公司的经营业绩要远远低于那些拥有风险投资背景的公司，客观上反映了风险投资基金对被投资公司经营业绩的发展有较大推进作用。Morsfield 和 Tan（2003）通过对不同上市公司的调研分析，重点关注了风险投资基金在上市公司发展中扮演的角色与作用。他们的研究结论表明，不管公司有没有风险投资基金背景，公司只要上市以后其经营业绩都会在一定程度上下降，但是拥有风险投资基金背景的公司盈余管理能力会更强。

Wong（2004）通过对香港市场 IPO 情况的研究，全面分析了风险投资基金对公司上市后经营业绩的影响与作用。他的研究发现，不管有没有风险投资基金背景，公司 IPO 后的经营业绩和市场表现都没有显著性的变化与差异，风险投资基金并没有充分发挥作用。Tykvova 和 Mannheim（2005）通过对 1997—2002 年德国证券市场的上市公司进行研究分析，发现不同类型的投资基金对公司上市后的影响略有差异，但总体而言，拥有风险投资基金背景的公司上市后的经营业绩往往都要优于那些没有风险投资基金背景的公司。

Hellman 和 Puri (2000) 的研究发现，公司引进风险投资基金能够在一定程度上降低企业产品从研发到进入市场的时间。Kortum 和 Lemer (2000) 则通过研究发现，风险投资基金投资额度的增加能够充分提升被投资企业所在行业的专利率。Nahata (2008) 从另外一个角度对被投资企业的经营业绩进行实证分析，研究表明，风险投资基金特别是具备高声誉度的风险投资基金能够对被投资企业产生重大的促进作用。当然，为了提高投资基金的声誉，这些风险投资基金也更愿意去关注那些被投资企业的经营业绩。另外，学术界还有一部分专注于以上市公司的财务管理为基本研究内容，探究风险投资基金对上市公司盈余管理影响的研究。例如，Hochberg (2003)、Morsfiled 和 Tan (2006) 的研究表明，拥有风险投资基金背景的企业，其盈余管理水平要远远低于那些没有投资基金背景的企业。这充分说明，风险投资基金能够对被投资企业操纵经营业绩的行为进行有效的监督与纠正。尔后，Hochberg (2012) 指出，拥有风险投资基金背景的企业董事会结构更优，盈余管理更少，从而能够充分保障股东权益。Wong (2013) 的研究发现，拥有风险投资背景的企业往往具有较少的报表重述及盈余管理行为。De Bettignies 和 Brander (2007) 则通过调研分析发现，进行了风险投资基金融资的企业往往能够获得许多增值服务，而这些服务是在银行融资时无法获取的，特别是在对企业的管理方面，包括对行业的认知经验，这些都能充分帮助企业的成长和发展。Bottazzi 等 (2009) 的研究分析也得出了同样的结论，即经验越丰富、水平越高的基金合伙人，越愿意发挥自身优势与特点去帮助企业的发展和成长，如参与高级管理人员的招聘、与企业创始人交流分享，并且，具备独立合伙制特点的风险投资基金在行业经验、市场把控能力方面独具一格，相比而言，更能够为企业创造独特的价值，从而实现自身利益最大化。Hsu (2004) 则从风险投资基金的声誉度视角，认为企业家往往更愿意选择具备高声誉度的风险投资基金，但是高声誉度的风险投资基金往往对企业的估值要远远低于那些低声誉度的投资基金。这充分说明，企业家更愿意从长远的角度考虑问题，也反映了高声誉度的投资基金能够为企业发展带来更多的增值服务。

2.4.2　国内研究综述

寇祥河等（2009）主要以中国中小板的上市公司为样本，运用非参数校验和单因素分析方法，分别对风险投资基金在企业 IPO 过程中所扮演的角色进行实证分析后发现：一是在不同的市场之中，风险投资基金所表现出的认证价值是有所差异的，如在美国市场上的那些中资企业，其风险投资基金在融资规模方面表现出价值认证功能而中国中小板市场根本就不支持价值认证的假设；二是发行抑价普遍存在于深圳中小板市场、香港市场，即是说就是开盘当天，发行价格都会有一定的抑价，而那些拥有风险投资基金背景的公司往往具备更高的发行抑价；三是 IPO 效应在风险投资基金参与过程中是不存在的。在各个市场板块中，拥有风险投资基金背景的公司在上市之前的经营业绩都是逐年递增的，但是自 IPO 以后，经营业绩并不会出现想象中的下降。唐运舒和谈毅（2008）以香港创业板市场的基础数据为样本，研究了 IPO 时机、风险投资基金与企业经营业绩的关系，发现被投资企业在上市后的业绩变化与风险投资基金持股比例变化是一致的，但是，风险投资并不能充分抑制企业夸大投资的行为。不管企业有没有风险投资背景，其在上市过程中都会存在募集资金过大的现象，从而导致资金并不能真正发挥作用，进而出现资金利用率较低的局面。同时，他们的研究结果还发现，风险投资基金对被投资企业上市后的经营业绩以及上市时间的选择都具有显著的影响，上市后业绩较好的公司往往都是那些拥有风险投资基金背景的公司。

那么，风险投资能否真正有效地提高企业效益呢？国外学者对此的研究结论不一，反倒是国内的一些学者通过研究分析发现风险投资基金对被投资企业经营绩效并没有产生较大的积极影响。卢颖（2009）以我国证券市场的中小企业为研究对象，深入分析了风险投资基金对企业经营绩效的影响。研究结论表明，相较于无风险投资基金进入的企业，风险投资基金并不能显著提升企业经营绩效，两者的利润水平并无明显差异。张凌宇（2006）和陈祥有（2010）先后对我国资本市场上市公司进行了深入的研究，发现风险投资基金不仅帮助企业成长与发展，还扮演了对企业的惩戒者角色。侯建仁等（2010）通过研究发现，风险投资基金并不会对企业经营业绩产生明显的作用。刘国丰（2009）主要从公司治理方面进行了研究，重点分析了有无风险投资基金的公司中董事会构成、高管薪酬、独立董事比例等要素的差异。其研究结果表明，风险投资基金在公司治理方面扮演的角色不明显。黄福广和李西文（2009）则通过研究那些拥有风险投资背景公司在上市前后几年的财务指标，发现风险投资基金对企业成长和盈利影响有限，没能真正起到作用。赵炎和卢颖（2009）通过实证研究发现，不管企业有没有风险投资基金背景，都不会对企业的经营业绩产生影响。索玲玲和杨克智（2011）的研究也得出了同样的结论。崔毅等（2008）则对风险投资基金参股企业在上市前后的业绩表现进行了分析，同样也没有发现其中有明显不同。

唐运舒和谈毅（2008）以香港创业板市场的上市企业为研究对象，研究结果表明，虽然风险投资在一定程度上能够提升公司在上市前后的效益，但是企业仍然出现了资金使用效率不高、融资规模不合理的现象。陈祥有（2009）以2004—2007年中小板市场的上市企业作为研究样本，发现拥有风险投资背景与被投资公司上市前后的盈余管理存在相当大的关联。吴宏亮（2010）也对我国中小板市场的数据进行了分析，发现那些风险投资持股比例越高的公司，上市以后的效益越来越好，并且风险投资基金能够减少盈余管理现象。

学术界关于风险投资基金的研究成果对产业投资基金的研究有着重要的启示，为国内学者就产业投资基金对企业绩效的影响研究有着重要指导作用。吴斌等（2011）的研究表明，具备高素质的从业人员、政府背景的产业投资基金，往往与被投资公司的成长发展存在非常显著的正向关系。吴超鹏等（2012）的研究发现，产业投资基金更积极地参与企业的经营发展，能够有效降低企业过度投资，增加企业的外部权益融资，减轻现金流短缺的影响。另外，高声誉的、合伙人制的产业投资基金对于被投资企业的融资环境改善有着非常重要的作用，所以被投资企业上市以后仍然需要高声誉的产业投资基金发挥作用。也有研究认为，产业投资基金并不能促进企业绩效的提升。于波（2011）的研究指出，产业投资基金对企业经营绩效的促进作用十分有限，但该研究也指出产业投资基金在推动中小企业发展的配套服务上有着重要的作用。

2.5 产业投资基金与投资绩效

2.5.1 国外研究综述

关于产业投资基金投资绩效的研究较少，但产业投资基金作为创新的股权投资基金，除去其政策背景等特征外，其退出方式与一般股权投资基金有较多相似之处。通过对一般股权投资基金的投资绩效相关研究进行梳理，将会对本书的研究有着重要的启示。

从我国风险投资基金或私募投资基金的发展现状来看，投资基金的退出方式选择主要有四大类别，即首次公开发行上市、股权转让、企业并购和资产清算。国内外学者对风险投资基金或私募投资基金的退出方式选择有着一定研究。多数学者的研究表明，首次公开发行上市是风险投资基金或私募投资基金获得投资收益最高的一种方式。Phalippou 和 Gottschalg（2009）的研究结论表明，在风险投资基金多种退出方式中，通过被投资企业在资本市场上市退出获得资本增值收益最高，这与先前多数学者的研究一致（Amit et al.，1992；Bygrave，1998）。同时，Relander 等（1994）通过对美国风险投资基金进行深入研究发现，当被投资企业因特定情况无法满足监管机构的上市条件时，风险投资基金会选择并购作为其退出的主要方式。Jeng 和 Wals（2000）通过对高新技术企业的研究发现，自风险投资基金进入企业后，由于被投资企业经营状况的影响，风险投资基金为保障资金安全性，会选择并购的方式尽快抽离资金。Neus 和 Walz（2005）的研究结论表明，风险投资基金选择不同的退出方式，对被投资企业的未来发展和产业投资基金的投资收益将产生重要影响。因此，风险投资基金在退出时，应根据企业实际经营状况和发展情况进行适当的选择，才能保障被投资企业和产业投资基金获得价值提升。综上所述，在风险投资基金的退出方式选择上，以首次公开发行上市获得高额投资收益为主要方式；同时，退出方式的选择与被投资企业的发展有着深刻的关联，受不同因素的影响。

Lemer 等（1994）通过对风险投资基金退出方式选择的影响因素进行了深入研究，认为其退出方式选择是内外因素相互综合的评价结果。其中，内部因素包括企业的经营状况、财务水平、发展规划等，外部因素包括市场行业发展状况、风险投资基金的投资金额及相关法律制度等。研究同时发现，风险投资基金所处的市场环境良好时，会积极鼓励企业进行上市，以获得较高的收益；当风险投资基金所处的市场环境较差时，风险投资基金多数选择股权转让的方式退出。Lemer 等（2003）以生物医药企业为主要研究对象发现，当行业发展良好时，风险投资基金会选择公开发行上市作为其主要退出途径；当行业发展较差时，风险投资基金会积极帮助企业引入战略投资者，将企业股权转让出售于其他投资机构。Masulis（2011）对风险投资基金进行了深入研究，发现风险投资基金退出方式的选择，不仅受企业经营状况的影响，还受自身资金流动性的影响。当风险投资基金的资金流动性较差时，企业会以折价的方式将股份出售，以提升自身的资金流动性。Gompers（2008）的研究结论表明，证券市场对企业的股票估值情况会作为风险投资基金退出方式选择的重要参考。Cumming（2006）的研究发现，在资本市场高度发达的西方国家，由于拥有较为完善的上市法律制度，风险投资基金的退出方式选择上多集中于首次公开发行上市，以获得高额的投资收益。

同时，部分学者从微观的视角对风险投资基金的退出方式进行了深入研究和探讨。Puri 和 Zarutskie（2012）的研究结论表明，风险投资基金的退出方式受其投资方式的影响，当采用阶段投资或可转换优先股等形式介入被投资企业时，在获得相应权益的基础上，风险投资基金会鼓励企业上市，以降低企业清算风险水平。Cumming 和 Johan（2008）对风险投资基金的运作方式进行深入研究，认为采用有限合伙制组织形态的风险投资基金对其他组织类型的风险投资基金更能帮助企业实现上市；同时，风险投资基金与被投资企业之间的信息不对称情况对退出方式的选择有着重要的影响。当被投资企业与风险投资基金之间的信息传递流畅时，风险投资基金更愿意帮助企业实现上市；投资初创企业，由于信息不对称程度较高，风险投资基金选择上市退出概率越小，清算退出的方式概率较大；高新技术行业实现上市或并购的概率较大；风险投资基金持有企业的股份类别将对退出方式有着重要影响，一般风险投资基金持有普通股份比优先股份获得更大的企业控制权利，帮助企业实现 IPO 上市的概率较大。Johan（2008）的研究结论与上述研究类同，发现风险投资基金选择可转换证券对企业进行投资，会提升企业被并购的概率，其选择上市退出的概率也就越小。

对风险投资基金退出影响因素的研究，国外学者拥有较为丰富的研究经验和成果。Cumming 和 Macintosh（2001）通过构建风险投资基金绩效评价模型框架，对风险投资基金的退出方式选择进行探讨，研究结论表明，风险投资基金退出方式选择受多种因素的影响，诸如市场环境、企业经营状况、风险投资基金自身的背景等，信息不对称性将影响风险投资基金的投资绩效水平。Giot（2008）的研究结论表明，风险投资基金的声誉、品牌及其持有企业股份比例等因素，对风险投资基金退出方式与退出时期的选择有着重要影响。Johan（2010）通过对风险投资基金投资企业的时间阶段进行划分，发现风险投资基金投资于企业发展初期或对高新技术产业其退出时期将延长。当风险投资基金与其他战略投资者产生利益冲突时将缩短风险投资基金持股时间。Schwienbacher（2007）采用企业生存过程理论对风险投资基金的退出方式选择和退出持有时间进行探究发现，风险投资基金为获得更高的投资收益会选择企业上市退出，但其投资企业的时间存在一定的临界值。当到达临界点后，风险投资基金通过被投资企业上市退出的概率将降低，以股权出售或转让形式退出的概率将提高；风险投资基金由于自身的专业性和独特性有助于及时清算经营失败的企业，减少资金沉淀损失。Neus 和 Wdz（2005）从风险投资基金的资金募集进行研究，提出了声誉效应假说，研究表明，风险投资基金的资金募集时间对前期投资的时间节点有着重要影响。

2.5.2 国内研究综述

由于产业投资基金公开数据较少，对产业投资基金退出行为的研究，国内学者多数集中于理论研究，实证检验较少。通过查阅相关研究文献可以发现，对基金退出行为研究多集中在对风险投资基金投资行为进行综述、比较，或以理论模型为基础对投资基金的退出策略进行最优选择上。如我国学者陈玉罡（2007）、李姚矿等（2002）通过吸收国外相关领域的研究经验，对风险投资基金退出行为的研究内容进行梳理总结，并加以述评。这为国内学者指引了方向，奠定了理论基础，提高了对风险投资基金退出行为的认知水平。戴国强和王国松（2002）通过类比多种投资基金退出方式，发现欧洲国家风险投资基金的退出主要方式为股权转让或并购，而美国拥有完善的资本市场，风险投资基金退出方式多数集中于上市退出。

此外，部分学者以我国风险投资基金发展现状为出发点，探讨风险投资基金退出机制的建立，结合风险投资基金退出的诸多影响因素，以理论模型为基础解读风险投资基金最优退出时机和退出方式，这为产业投资基金的研究提供了借鉴。褚菊芬和王黎明（2009）通过建立期权模型为风险投资基金退出时机做出了最优选择，研究结论表明，在风险投资基金持有股份的价值增值最大时，风险投资基金应退出获得相应的投资收益。鹿山和刘西林（2008）以博弈论为基础建立了理论模型，为风险投资基金的退出策略做了最优安排，发现风险投资基金的退出受被投资企业创始人的影响，风险投资基金在投资初期应与被投资企业创始人签订退出契约，以减少风险投资基金退出时可能产生的利益冲突。周孝华（2011）的研究表明，风险投资基金的退出，在考虑企业经营状况和自身资本利得的同时，还需要考虑创始人的意志。该研究进一步建议风险投资基金与被投资企业应该互惠互利，以避免矛盾发生。张新立等（2009）通过对风险投资基金退出时间节点进行深入研究，发现风险投资基金的退出时间节点与自身利润点有着重要关联。基金管理公司认为，投资利润达到预期目标时，就会做出退出决策。

2.5.3　产业投资基金退出行为与企业中长期绩效的关系

产业投资基金在企业上市前后出售或转让被投资企业的股权，需注重对股权的短期投资资本收益和后期自身品牌声誉维护进行权衡考量。这是因为产业投资基金在被投资企业进行首次公开发行上市的前期，对企业的信息状况已有一定了解。产业投资基金可能利用部分未公开信息对被投资企业股权价格进行炒作而提升股价，获得高额的股权转让收益。同时，在被投资企业公开上市后，产业投资基金会为了自身品牌声誉维护企业的股价稳定，以便吸引更多的投资者进入，从而使自身顺利退出。

Brav 和 Gompers（2003）的研究表明，大多数风险投资基金在被投资企业进行 IPO 时，出于自身声誉考虑，不会出售或转让被投资企业的股份。具有良好声誉的风险投资基金一般会选择在企业首次公开发行上市期间出售或转让部分股份，获得投资收益。在被投资企业上市以后，随着持有企业的股权逐步降低，风险投资基金对企业经营管理的影响程度也会逐步降低。Lerner（1998）的研究发现，风险投资基金退出被投资企业时，会以较高的价格出售或转让企业股份。此外，部分学者对风险投资对企业首次公开发行上市的股价表现的影响进行深入研究。Gompers（2003）的研究发现，风险投资基金在企业公开发行上市后，减持企业股份会引起被投资企业的股价波动，导致企业股价下探趋势明显。Ritter（1995）的研究表明，拥有风险投资基金背景的企业公开发行上市或增发后，被投资企业股价在后期走势低迷。Gompers（1997）通过比较拥有风险投资基金背景的企业和没有风险投资基金介入企业的股价表现，发现前者的股价优于后者。Lerner（1997）通过对风险投资基金的声誉与企业股价之间的关联进行深入研究，发现具有良好声誉的风险投资基金对企业上市后的股价有明显的正向影响。Schwienbacher（2008）以美国高新技术企业为研究对象，发现风险投资基金的退出方式对被投资企业战略规划有着深刻的影响，进而影响到企业长期绩效表现。Ber 和 Yafeh（2007）以实证研究方法对以色列上市公司做了深入分析，研究发现风险投资基金介入企业，并不能显著提升被投资企业在未来首次公开发行上市的业绩。

国内学者关于产业投资基金对企业首次公开发行上市后的投资绩效研究起步较晚，相关研究文献较少，这主要是因为我国资本市场相关机制不够成熟，中小板市场和创业板市场的相关数据较少。仍然有部分学者以风险投资基金的国有或民营背景为出发点，对其投资收益进行深入分析，得到了一定的研究成果，这对本书的研究有一定的启示作用。钱苹和张玮（2007）通过比较风险投资基金投资不同性质企业而获得的资本收益状况，发现风险投资基金对国有控股公司的最终投资效益水平高于非国有公司，同时被投资企业所在区域对投资收益有明显影响，风险投资基金投资处于发达区域的企业，获得的投资收益往往高于经济较差区域。研究同时还发现，风险投资基金管理的资本量与其投资收益之间呈负向关系。张学勇（2011）发现，与外资（或混合所有制）风险投资基金的投资收益相比，拥有政府背景的风险投资基金资本收益较低。其主要原因是，外资风险投资基金会积极吸收国外先进的投资和管理经验，对被投资企业的公司治理水平有着更显著的影响，进而更好地提升被投资企业盈利能力，以获得更好的投资收益。

2.6 研究评述

现有文献对产业投资基金的研究较少，且多数集中于对产业投资基金的宏观政策（向吉英，2002）、发展对策（张晋莲，2013；张圣楠 等，2010）、运营模式及机制设计（郭广良，2010）、产业结构调整（袁苏苏，2014）等宏观内容方面加以研究，在微观上对产业投资基金对企业影响的内在机理研究更少。当前，我国产业投资基金的定义尚未形成统一的认识，多数研究侧重于根据国外概念清晰的风险投资基金的相关研究经验，从不同的视角探究国内风险投资基金或私募股权投资基金对企业公司治理、公司绩效的影响作用，对投资基金的退出行为、投资绩效影响因素进行了较为深入的研究，并取得了丰富的研究成果，这对本书的研究有一定的启示作用。

但在现有研究文献中，研究风险投资基金对企业公司治理、公司绩效的影响，多数情况下是分开进行的，且研究结论尚未达成一致。在研究投资基金对公司治理的影响方面侧重于股东行为、董事会功能、股权结构、经理层等内容，间接反映了投资基金对被投资企业公司治理的影响，然而较少对公司治理水平进行量化，因此无法直接考察投资基金对公司治理水平的影响；在投资基金对公司绩效研究方面，更侧重考察企业盈利能力，而忽略了对企业的发展能力或经营能力的探讨。此外，关于投资基金、公司治理与公司绩效三者之间的内在联系机理研究较少，影响投资基金与被投资企业投资绩效的因素相关研究则更少。由此，本书将结合之前对产业投资基金的定义、相关理论分析及经验研究，深入探讨产业投资基金对微观企业的公司治理、公司绩效影响作用，对被投资企业的公司治理水平进行量化操作，对公司绩效进行综合评估，深入探讨产业投资基金、公司治理及公司绩效三者之间的内在联系，深入分析产业投资基金的投资绩效的影响因素，进一步认识产业投资基金的政策意义。

3 我国产业投资基金发展现状及运营特征

改革开放 40 多年我国经济取得了举世瞩目的成就,但从产业发展历程看,也存在诸多不足,廉价劳动力和廉价资源相结合,造就了我国不合理的产业结构:第一产业相对落后,现代化水平较低;第二产业过于庞大,占比较高;第三产业较为弱小,发展滞后,并且每个产业都集中发展低附加值行业,高附加值行业发展明显不足(马涛,2013)。从产业发展特性上看,我国劳动密集型产业过于庞大,而高新技术产业占比较低,基础设施产业发展严重滞后,成了阻碍我国经济可持续发展的难题。产业投资基金发展对我国产业结构调整升级起着重要作用(向吉英,2002)。而产业投资基金能否得到良好的发展、能否在我国产业发展中有效发挥其作用,需要建立一套科学的运营体系和风险控制措施作为保障。本章将深入分析产业投资基金基本理念和发展现状,同时深入剖析其运作体系,从项目投资行为视角出发对产业投资基金的各个环节进行深入解读与探究,提出产业投资基金基本运作机制、风险控制机制、绩效评价机制的基本框架。

3.1 我国产业投资基金发展的历史沿革和现状

我国产业投资基金发展可以追溯到 20 世纪 90 年代,但当初仅仅限定于创业投资基金,业务范围狭窄,相关制度尚不完备,运作不规范,与产业结合度不高,未能显现出对产业发展的促进作用。

2006 年 12 月 30 日，作为我国第一支产业投资基金，也是第一支以契约组织形态为基本操作方式的产业投资基金——渤海产业投资基金，在天津正式成立，这对我国深化投融资体制改革创新具有重要意义。从 2006 年开始到 2008 年，国家发展和改革委员会分别核定和批准成立了三批次产业投资基金，共十支，募集与管理基金资金量高达 1 400 亿元。2008 年后，国家发展和改革委员会调整监管思路，不再以政府主导型产业投资基金为主，转而鼓励政府通过财政资金与社会资金合作，引导发起设立产业投资基金，以市场化方式开展股权投资。至此，政府引导型产业投资基金发展步入快速发展轨道。

3.1.1　我国产业投资基金的发展历程

作为一种政府参与产业投资的政策性金融工具，产业投资基金的产生是政府部门积极引导和鼓励基础设施产业、战略性新兴产业及高新技术产业发展壮大的结果。其发展体现了我国政府投资角色的转变。

2006—2008 年，国家发展和改革委员会分别核定并批准成立了三批次共十支产业投资试点基金，产业投资基金在我国迅速发展。至今，我国共审批核准了政府主导型产业投资基金 71 支，募集资金近 2 000 亿元。

不过，2008 年产业投资基金的设立由核准制取代审批制，并由各部委、地方政府或大中型国有企业牵头组织建立行业性或区域性的产业投资引导基金逐步取代了主导型基金。并且，从最近几年产业投资基金发展历程来看，政府角色的确发生了重大改变，政府从直接参与产业投资基金逐步转向作为间接投资人，引导社会资金积极设立产业投资基金。政府本身设立产业投资基金大幅度减少，而是逐步引导建立产业投资基金引导基金，引导更多的社会资金积极介入产业投资领域，提升了社会资金产业投资的活跃度，这一转变切实有效地利用了政府财政资金，提升了资金使用效率，发挥了财政资金的杠杆作用。

从 2005 年国家发展改革委等十部门《创业投资企业管理暂行办法》发布，到 2008 年国务院办公厅转发《关于促进创业投资引导基金规范设立与运作的指导意见》等，政府部门为促进产业投资基金发展出台了多个政策文件①。各级地方政府、大中型国有企业和民间金融资本，设立产业投资基金的积极性有了明显的提升，这为我国产业投资的蓬勃发展奠定了良好的基础。到 2014 年 12 月底，我国共成立了 192 支产业投资引导基金，累计募集资金接近 1 000 亿元（以基金首期募集规模为准），累计管理资本规模接近 4 000 亿元。同时，社会资金与产业投资引导基金相互协作，设立产业投资引导基金子基金数目超过 270 支（李鑫，2007）。与此同时，相关资料显示，我国 2014 年全年共成立 39 支政府产业投资引导基金，管理基金规模近 2 000 亿元②。这分别是 2013 年新成立产业投资引导基金的数目和资金规模的 3.5 倍和 9.4 倍②。产业投资引导基金有了良好的发展政策环境，各级地方政府积极出台相关发展政策，成立专项发展基金，为我国产业政策的实现做出努力，政府发展产业投资引导基金进入了新的发展阶段。

政府引导成立的产业投资基金情况见图 3-1。

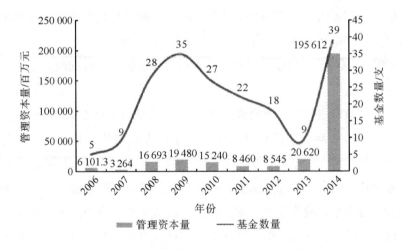

图 3-1　政府引导设立的产业投资基金情况

数据来源：根据清科私募通及投资中国 ChinaVenture 数据库整理。

---

① 《关于创业投资引导基金规范设立与运作的指导意见》指出：引导基金是由政府设立并按市场化方式运作的政策性基金，主要通过扶持创业投资企业发展，引导社会资金进入创业投资领域。宗旨是发挥财政资金的杠杆放大效应，增加创业投资资本的供给，克服单纯通过市场配置创业投资资本的市场失灵问题。

② 潘晓娟. 400 亿政府引导基金：设计好"让利机制"加码撬动作用 [N]. 中国经济导报，2015-01-29.

从我国政府引导的产业投资基金地域分布情况来看，东部沿海地区由于经济发展水平较高，成为政府引导型产业投资基金发展的热点区域，通过引导社会资金成立产业投资基金支持当地产业发展，一定程度上解决了地区企业融资难的问题。同时，也可以发现，相较于东部经济发达地区政府引导成立的产业投资基金的繁荣发展，中西部地区政府引导成立的产业投资基金相对较少，这种区域差异不利于我国区域经济协调发展。在今后的产业投资基金发展过程中，政府部门需重视中西部区域内产业投资基金协调发展，成立区域性的地方政府引导型产业投资基金，以支持区域内产业发展和升级，为实现我国区域经济协调发展和可持续发展做出贡献。

2010 年，《国务院关于加快培育和发展战略性新兴产业的决定》（以下简称《决定》）指出，政府要积极支持战略性新兴产业发展，以 2015 年为第一阶段，明确我国战略性新兴性产业增加值占国内生产总值的比重力争达到 8% 左右；以 2020 年为第二阶段，战略性新兴产业增加值占国内生产总值的比重力争达到 15% 左右，并指出环保产业、信息技术产业、生物医药及高端装备制造产业成为我国经济发展的重要支柱产业，同时，新型材料、新能源汽车产业将成为我国经济发展的先导产业。2011 年，财政部联合国家发展和改革委员会下发的《新兴产业创投计划参股创业投资基金管理暂行办法》中指出，我国财政资金以环保产业、信息产业等战略性新兴产业和高新技术产业为重点投资内容，推动各地战略性新兴产业引导基金的设立与发展。极力推动我国传统产业优化升级，大力发展高新技术产业，促进我国重点产业壮大。

可见，转型阶段战略性新兴产业发展将是政策引导的重点。但是，战略性新兴产业发展壮大需要大量资金投入，这不仅要求提升我国财政资金的使用效率，还需要极力引导社会民间金融资本的参与。我国财政资金的使用效率有待提升，传统政府补贴或贴息政策已经不能提升财政资金的使用效率。与此同时，由于社会资金十分关注产业项目的投资周期、资金的流动性及风险性，但战略性新兴产业在未来发展中存在诸多不确定性因素，导致社会资本投资战略性新兴产业的资金较少。政府引导型产业投资基金的成立与发展，能够充分发挥财政资金的杠杆作用，有效提升资金的流动性与资金循环使用效率，积极吸引和引导社会资金投资于战略性新兴产业，解决战略性新兴产业资本供给不足的问题。政府引导产业投资基金的产生，在一定程度上解决了新兴产业发展的融资瓶颈问题，将有效促进我国地方经济的健康发展，为我国产业结构转换与高新技术产业的提升做出重要贡献（黄武俊，2012）。

3.1.2　我国产业投资基金发展现状及典型案例介绍

3.1.2.1　渤海产业投资基金

渤海产业投资基金经国务院审批于 2006 年 12 月成立，是我国第一支产业投资基金（郭庆平，2007），见表 3-1。

表 3-1　渤海产业投资基金简介

基金名称	渤海产业投资基金
基金类型	契约性
基金注册地	天津
基金管理公司	渤海产业投资基金管理有限公司
基金规模	200 亿元，首期募集 60.8 亿元
基金存续期	存续期 15 年
投资地域	投资重点是具有自主创新能力的现代制造业和具有自主知识产权的高新技术企业，交通、能源基础设施项目，以及符合国家产业政策的其他项目
托管银行	交通银行

渤海产业投资基金的组织结构（契约型）见图 3-2。

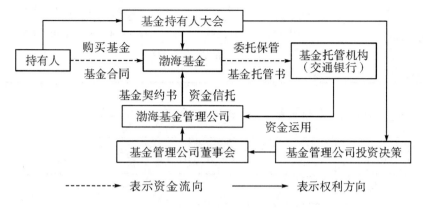

--------→ 表示资金流向   ———→ 表示权利方向

图 3-2　组织结构（契约型）

基金管理人——渤海产业投资基金管理有限公司，注册资本金为 2 亿元，由中银国际控股有限公司、天津泰达投资控股有限公司作为主要股东，与基金全体出资人共同发起设立。

基金投资人——全国社会保障基金、国家开发银行、国家邮政储汇局、天津津能投资、中银集团投资、中国人寿保险以及渤海产业投资基金管理公司。

基金投向——投资重点以现代制造业、高新技术产业，国家交通、能源基础设施项目，以及符合国家产业政策的其他项目。关注项目自主创新能力及自主知识产权。

3.1.2.2　绵阳科技城产业投资基金

绵阳科技城产业投资基金是国家批准设立的第二批产业投资基金，我国西部试点成立的第一支产业投资基金（见表 3-2）。

表 3-2　绵阳科技城产业投资基金（有限合伙）简介

基金名称	绵阳科技城产业投资基金（有限合伙）
基金类型	有限合伙制（承诺出资、首期缴付其认缴出资额的 10%）
基金注册地	四川省绵阳市
基金管理公司	中信产业基金管理有限公司
基金规模	60 亿元
基金存续期	12 年（投资期 6 年，退出期 6 年）

表3-2(续)

投资地域	立足中国（绵阳）科技城，辐射西部，面向全国。在同等条件下优先投资于绵阳或与科技城建设相关的企业
托管银行	中信银行

绵阳科技城产业投资基金组织结构（有限合伙型）见图3-3。

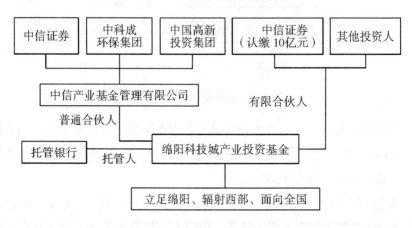

图3-3　组织结构（有限合伙型）

基金管理人——中信产业投资基金管理有限公司。中信证券、中科成环保集团、中国高新投资发起。

基金投资人——中信证券、全国社保基金、联想控股、泛海控股等共36个投资者。

基金投向——投资重点以金融、消费、原材料和机械制造四个领域为主。

3.1.2.3　山西能源产业基金

山西能源产业基金是国家批准的第二批产业投资基金试点之一。该基金于2007年9月成立，是我国第一支能源产业投资基金（见表3-3）。

表 3-3　山西能源产业基金简介

基金名称	山西能源产业基金
基金类型	公司型
基金注册地	山西省太原市
基金管理公司	朝晖能源产业基金管理公司
基金规模	基金总规模为 100 亿元人民币，首期规模为 60 亿元人民币。在 100 亿元基金当中，山西省内企业出资约占 30%，省外资金出资约占 70%
基金存续期	15 年
投资地域	以山西为主，但不局限于山西
托管银行	建设银行

基金管理人——朝晖能源产业基金管理公司，注册资本金为 1 亿元人民币。山西灏鼎能源投资、中科招商创业投资和光大三山创业投资三家单位作为发起人。

基金投资人——山西省内能源企业以及全国社保基金理事会、中国人寿、中国平安保险、国家开发银行、华泰财产保险等机构投资者。

基金投资领域——煤层气开发利用、煤炭产业规模化与产业整合、焦化产业的整合、煤化工产业的发展、煤电、煤铝联产项目的联合改造、能源企业改制、交通物流项目建设。

3.1.2.4　河南农业开发产业投资基金

河南农业开发产业投资基金于 2010 年 1 月成立，是全国第一支农业产业投资基金（见表 3-4）。

表 3-4　河南农业开发产业投资基金简介

基金名称	河南农业开发产业投资基金
基金类型	契约型
基金注册地	河南省郑州市
基金管理公司	河南农业开发基金管理公司
基金规模	48 亿元，分 4 年募集完成，每期由政府引导基金 2 亿元、国内募集 4 亿元及海外配套等值人民币 6 亿元组成

表3-4(续)

投资地域	河南省内具有高成长性的农业产业化优秀企业
托管银行	中信银行

基金管理人——河南农业开发基金管理公司，由河南省农业综合开发公司、逸百年投资咨询（深圳）有限公司、上海博灏投资咨询公司与上海恒岳投资管理有限公司共同出资组建。

基金投资人——基金总规模48亿元，由内资基金和外资基金两部分组成，内资基金每期由2亿元政府引导基金和4亿元信托基金构成。海外配套募集等额人民币24亿元的外资基金。

投资方向——河南省内具有高成长性的未上市的农业产业化及关联产业的优秀企业，以及投资于省内相关已上市的农业产业化及关联产业的优秀企业。

3.2　产业投资基金的功能定位与特点

相较于一般的风险投资基金和私募股权基金，产业投资基金具有如下特点：

（1）产业投资基金是地方政府或国有企业作为募集发起人所主导或引导的一种股权投资基金。投资对象定位于未上市的企业，投资标的是企业股权，通过直接投资特定产业内的企业，由企业发展带动产业发展，进而实现资本增值。

（2）产业投资基金往往承担着实施国家或地方政府所制定的产业发展战略或政策的重要任务，因此，其对投资项目的选择并不完全以投资回报率作为唯一考量。这与一般风险投资基金或私募投资基金的逐利行为存在一定差异（钱苹、张帏，2007）。

（3）产业投资基金在被投资企业发展相对成熟时，获得相应资本收益后择机退出，并在相关产业的其他企业进行新一轮的产业投资。这区别于长期持有企业股权，以获得股息的普通金融资本。

（4）与一般风险投资基金或私募股权投资基金的短期逐利行为不同，产业投资基金的项目资金体量较大，有较强的市场影响力，且注重产业项目的中长期发展（李尧、张本照，2013），因此，对资金使用的安全性和稳定性要求较高，需要更专业化的团队运营和管理。

（5）产业投资基金与一些投资于证券市场的私募投资基金不同，前者从事实业投资，与实体产业联系紧密，其本身的运营与产业发展直接相关。

从表 3-5 可以看出，本书研究的对象——产业投资基金在内涵上与风险投资基金、私募股权投资基金有共同之处，包括逐利性、风险性以及退出方式。但其又有各自相对清晰的边界，比如产业投资基金在追求资产增值的同时，还承担落实政府产业政策的职责。这里需要特别提及的是，作为一种新型且具有中国特色的投融资工具，目前关于产业投资基金的研究文献还不多，即使有也仅限于国内。因此，鉴于产业投资基金与风险投资基金在内涵上的相似性，本书在做相关文献综述时，特别是在整理国外文献过程中，仅梳理风险投资基金相关文献。

表 3-5　不同类型投资基金特征的差别

基金特征	风险投资基金	私募股权投资基金	产业投资基金
逐利性	√	√	√
风险性	√	√	√
介入公司管理	√		√
退出方式	√	√	√
政策性			√

近年来，政府参与产业投资的角色正逐步转变，虽然产业投资基金的种类变得更为多样，但政策目标却更为明确。政府由直接投资逐步转向间接投资，主要以引导的方式成立产业投资基金，吸引更多的社会资金进入产业投资领域。具体来说，在我国推动产业结构调整升级的大背景下，政府成立产业投资基金有着特殊且重要的意义。

（1）引导社会资金集聚，提升产业资本供给效应。以政府引导而成立的产业投资基金能有效增加产业资本的供给。与证券类投资基金相比，产业投资时间周期较长、资金风险较高、流动性差，使得当前社会资金更愿意投资证券市场。而以产业政策为导向的股权投资的资本则供给不足，且难以完全依靠市场化机制解决股权投资资本来源问题（季敏波，2000）。由此，以政府引导成立产业投资基金，通过政府信用吸引各类社会资金，提高产业资本供给。

（2）优化资金配置，实现政府产业政策目标。政府成立产业投资基金，以高新技术产业、基础设施产业以及国家战略支撑产业为投资对象。譬如，当前我国多数投资者更愿意将资金投向时间周期较短、投资效益较高的信息技术类产业项目，而对国家规划的环保产业、基础设施等民生项目投资较少。这与国家产业政策发展目标不一致。政府通过成立产业投资基金，引导社会资金，投向与政府产业政策相一致的领域，促进我国产业结构调整升级，实现经济社会可持续发展。

（3）引导资金区域流向，协调区域经济发展。区域经济发展存在差异和不平衡，其中，经济规模较大且条件较好的东部地区更容易获得社会资本的青睐，而经济发展落后的中西部地区获得社会资本较为困难，呈现出"马太效应"（韩录，2010）。政府成立产业投资基金，引导社会资本流入中西部地区，促进当地产业发展，缓解区域经济发展不平衡。

3.3 产业投资基金分类及组织模式

产业投资基金作为一种特殊类型的金融创新工具，以促进我国产业结构优化为基本任务、以提高产业发展水平为目标。根据产业投资基金的基本内涵和政策属性，类比发达国家风险投资基金形式，进行如下分类：

（1）按照产业投资基金投资对象的主体性质分类。在我国，根据产业投资基金投资对象的不同，可以将产业投资基金分为四大类，即创业投资基金、产业重组基金、战略性支撑产业投资基金、基础设施投资基金。当前，我国正面临传统产业产能过剩、民生类基础设施产业发展滞后、高新技术产业创新能力不足等困难局面。要破解此局面，需要大量的资金，仅靠国家财政及银行信贷难以满足，发展产业投资基金成为当务之急。

（2）根据产业投资基金组织形式分类。根据发达国家对风险投资基金或其他类投资基金的经验总结，结合我国产业投资基金的特殊属性和发展实际，本书认为我国产业投资基金的组织形态，总体叫归结为三类模式：

第一，公司型产业投资基金。公司型产业投资基金的特点是，基金本身就是股份制投资公司。在创业风险投资基金发展初期，多数注册于国内的创业投资企业采取了公司制形式。从实际情况上来说，公司型产业投资基金依据《中华人民共和国公司法》组建基金股份公司的形式而成立，投资者通过购买产业投资基金份额，成为其股东。董事会执行选聘产业投资基金管理公司。基金公司负责对基金日常工作实施经营和管理基金业务即具体投资业务，利用资金投资于各行业。基金公司资产为投资者（股东）所有托管于金融机构或投资机构即基金保管人（一般为银行或其他金融投资公司或集团机构）的资金。产业投资基金保管单位执行对产业投资基金的资产实行保管工作，负责核定和计算产业投资基金公司股息等业务。

第二，信托型产业投资基金（契约型）。信托型产业投资基金是指由基金管理公司（多指投资信托公司）、基金保管公司（多指金融机构）、基金投资者三方共同根据基金相关条例与国家相关管理办法，协商而签订契约，通过发行收益凭证而成立的产业投资基金。根据三方签订的契约协议内容，基金管理公司作为契约协议的基金保管公司的委托人和基金投资者的受托人，负责基金的发起，成立产业投资基金，同时对产业投资基金的业务进行管理。基金保管公司作为基金管理公司的受托人，依据契约内容负责基金的信托资产的保管与处置。基金投资者通过购买基金管理公司发行的收益凭证进行投资，根据其购买基金的份额依据契约内容分享基金投资收益成果。

第三，有限合伙型产业投资基金。作为国际上股权投资基金的主要操作模式，有限合伙型产业投资基金模式最为普遍。以有限合作制为基本组织形态的产业投资基金公司的基本理念类同于有限合伙制公司或企业。有限合伙制企业普遍由两种合伙人组建，即一般普通合伙人和有限合伙人。

具体来说，普通合伙人一般就是产业投资基金管理人即基金管理者，负责合伙企业即基金公司的具体金融投资管理和投资业务操作，对基金公司的经营和管理拥有自主权和独立性。普通合伙人对合伙企业的利润负责、对合伙企业的债务承担无限连带责任，这将普通合伙人即基金管理者的责任和合伙企业即基金公司的业务投资效益联系紧密，有利于基金管理者为合伙企业的利益而努力，提升基金公司经营效率和投资收益。一般来说，有限合伙人就是基金的主要投资者、投资基金的主要提供者，对合伙企业的债务承担有限责任、对合伙企业即基金公司的日常管理不进行操作与参与，但对基金公司保留了一定的监督权利。有限合伙型产业投资基金通过合伙协议规定基金的经营年限、投资承诺的分阶段履行以及实行强制分配政策等各方的主要权利与利益分配。

三种模式各有优劣，以公司制为基本组织形态的产业投资基金与以契约形式为基本组织形式成立的产业投资基金和以有限合作制为基本运作理念成立的产业投资基金相比，引入独立董事更利于保护投资者的利益，但同时也增加了基金公司的监督成本。契约型组织形式的产业投资基金根据契约协议内容能提高基金权益持有人在基金管理工作中的地位，有利于提升基金管理公司的董事会结构。最后有限合伙型组织模式的产业投资基金，在企业税收方面显示出一定的优势，能免除企业的所得税。

根据研究内容和研究实际，本书将重点以契约型和合伙型产业投资基金作为主要的研究对象。

3.4　产业投资基金运作机制

一般基金运作程序主要包含筹集项目资金、项目投资和项目退出。在项目投资这一环节中，需要进行项目筛选、项目评估与调查、项目投资交易设计及项目投资后的管理。产业投资基金作为我国产业投资的一种创新金融工具，在投资程序上符合股权投资基金的一般操作程序，但其仍然应以产业政策为投资原则、产业目标为投资导向。这是产业投资基金的使命所在。产业投资基金运作流程见图3-4。

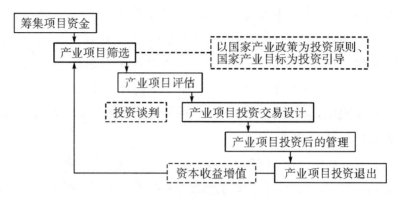

图3-4 产业投资基金运作流程

3.4.1 资金筹集机制

资金筹集阶段既是产业投资基金建立的基本点，也是其后续运作过程的基本保障和关键环节。从政府主导或引导的产业投资基金发展现状来看，由于其资金体量较大，需要大量的资金作为补充，因此在这一阶段应建立相关的资金筹集机制，增加资金的可得性与灵活性。

3.4.1.1 产业投资基金资金来源

在我国产业风险投资中，政府和金融机构占有举足轻重的地位，对促进我国产业发展起着重要作用。当前，我国产业投资基金的发起人主要包括金融投资管理机构、商业银行、保险公司以及大型企业，尤其在政府的支持和主导下，发起人又以国有背景的大型金融管理机构居多。

我国产业结构调整升级需要大量资金，尤其是在现阶段推行新型城镇化的大背景下，基础设施产业发展严重滞后，更需要大量的资本支持，仅依靠政府的财政资金支持是远远不足的。以投资基金市场化程度较高的美国为例，政府资金在股权投资基金的来源渠道中占比较低，占比居前三位的分别是养老基金（占38%）、捐赠基金（占22%）、银行与保险公司（占18%）。从西方发达国家股权投资基金发展实践中可以推断，具有中国特色的产业投资基金发展虽离不开政府的支持，但政府不应该成为产业投资基金资金来源的主要渠道，财政资金应定位于对种子基金起到引导作用。因此，我国产业投资基金发展需极力引入社会资金并充分发挥其功效，如此则可以拓宽产业投资基金资金来源渠道，并使民间资金参与到我国产业结构调整升级中来，以助推我国经济可持续发展。当然，近年来，随着国内风险投资市场机制逐步完善与资本市场逐步成熟，产业投资基金来源已经显现出资金来源多元化的趋势，更多的社会资金逐步进入产业投资中，更多的非金融类企业和个人闲置的资金也正在进入产业投资基金。

3.4.1.2 募集方式

产业投资基金作为一种投融资金融工具，满足投资基金募集的一般规律与方法。当前，我国产业投资基金资金募集方式主要有两种：一种是公开发行募集，另一种是私募定向募集。公开发行募集简称"公募"，是指由基金发起人即基金管理机构核定方案，向社会公众公开发行募集资金，发起人认购其中一部分份额，剩下的基金份额由社会公众认购；私募定向募集简称"私募"，是由基金发起人设定基金认购方案后，向部分人群或机构发行基金。

公募和私募两种资金募集方式不同，特点不同。其中，公募方式的设定程序较为复杂，首先需要政府相关部门对募集方案进行审批备案，并按照国家相关基金管理办法和法律制度，公开刊登基金募集说明书和基金发行说明书。其次，公募方式发行成本费用较高，需要委托专业的金融管理机构或者金融承销机构进行公开发行，这将增加资金的发行成本费用。再次，公开募集资金一般设定最低认购份额向社会公众发行，公众可以自由地认定购买基金的份额；公开募集资金适用于风险承受能力较低的人群，社会资金来源较为分散。最后，公开募集方式对应的基金持有人可以从二级市场退出。

首先，相较于公开募集的方式，私募定向募集方式的发行程序较为简单。由于基金发起人和投资者拥有相对专业的资金风险控制能力，国家相关法律法规也对投资者利益设置一定保护。其次，私募的筹资费用较低，无须委托发行人或承销机构，采用的是直接销售方法，并在一定范围内发行；募集资金对人数有一定的限制，为了防止私募基金演变为社会非法集资，各国政府对私募发行都有严格的人数规定。再次，私募基金的投资者相较于社会大众有一定的投资策略意识和较强的风险承受能力。最后，基金持有人的退出受一定限制，与公募相比稍显不便。

当前，我国产业投资基金发展还处于初级阶段，缺乏相对完善的制度和二级市场退出运作机制。若采用公募的方式对资金进行募集，需要一个重要的前提，即成熟的基金退出机制，因此，公募的方式将难以保障广大投资者相关利益，不利于产业投资基金发展。为保障我国产业投资基金健康稳定的发展，当前产业投资基金的募集方式还是应采用私募的方式，这也正是当前我国众多产业投资基金主要采用的方式。当我国产业投资基金发展成熟后，应注重对二级市场的建设，适时采用公募方式拓宽产业投资基金募集渠道。

3.4.2　退出机制

退出即产业投资基金为获取资本收益或减少投资损失而转让所持项目的股权的行为。产业投资基金的健康发展需要相应的退出机制，否则将可能导致产业投资基金的投资失败，难以保障投资者的利益。产业投资基金的投资标的选择一般为未上市公司。相较于证券资本市场的投资变现，产业投资基金的退出相对复杂。当前，我国产业投资基金的退出方式选择主要包括以下类别，即上市、股权转让（包含企业回购）、清算。

3.4.2.1　上市

上市即产业投资基金通过被投资企业首次公开发行股票或借壳等方式在证券资本市场进行上市运作，然后将所持公司股份在证券市场转让，获取资本收益。其中，IPO 方式也是国外股权投资基金退出的重要方式。当前，我国产业投资基金上市退出的主要市场有主板市场、深圳中小板市场、创业板市场等。但近年来我国产业投资基金通过上市退出的比例有下降的趋势，本书认为其主要原因是我国证监会对企业 IPO 申请设置了比较严苛的条件，导致企业上市周期过长。根据证监会公布的数据，截至 2014年 12 月 25 日，证监会受理 IPO 首发企业 654 家，其中，已过会 38 家，未过会 616 家，中止审查企业占比超过 80%[①]。产业投资基金完全通过 IPO

---

① IPO 排队序列巨变：超八成企业中止审查 [N]. 证券日报，2014-12-29.

方式转让被投资企业股权面临的困难较多。

3.4.2.2 股权转让

股权转让即产业投资基金对被投资企业通过产权交易系统转让或与其他战略投资者、机构或个人之间达成协议，进而向企业原有股东以及管理层回购或者第三方投资者进行股权转让的方式。股权转让方式还包含产业投资基金通过被投资企业与其他企业进行并购重组实现股权转让的方式，这一交易方式适合于有一定盈利能力且成长潜力较大但因为种种因素不能上市的被投资企业。在产业投资基金投资参与的基础设施产业建设或者大型国有企业重组过程中，因考虑到基金投资周期长且投资效益增长缓慢，此时标的企业上市流通较为困难，为保障投资收益增值回报，同时进行新一轮产业项目投资，可以采用在产权交易系统中通过协议方式实现股份转让退出，这在操作上易行且不受时间限制。而且在当前我国风险投资基金退出方式中，股权转让方式越来越受到青睐，所占比例较高且呈现出逐年增长的趋势，这对我国产业投资基金退出机制的完善起到了重要的启示作用。

3.4.2.3 清算

清算是指产业投资基金所投资的企业由于受到多种不利因素的影响，导致企业经营失败，产业投资基金只能选择清算的方式选择退出以减少投资损失。这些不利的因素可能包括市场竞争加剧、管理团队发生重大变动等。产业投资基金投资可能失败，尤其是当产业投资基金投资于初创期企业时，失败比例更高。这需要产业投资基金分析其中原因，并迅速做出退出决策，将收回的资金投资于下一个产业项目。相关资料显示，总体来看，随着我国投资基金运营机制的完善，风险控制机制的成熟，我国产业投资基金清算退出的方式所占比例处于较低水平。由此可见，我国产业投资基金的退出体系和相关配套法律制度正逐渐完善与规范。产业投资基金选择清算方式退出纯属无奈之举。因此，为保障产业投资基金投资收益，应加强对其进行风险控制。

3.5 产业投资基金的风险控制

任何投资项目既可能获得较高收益也可能遭遇投资损失。产业投资基金作为一类具有中国特色的股权投资基金，在实际运行中，也必须考虑到多种不确定性因素的影响导致投资失败风险。从本质上说，风险客观存在且不以人的意志为转移，其源于实际结果偏离预期的可能性。当前，我国产业投资基金发展还处在初级阶段，其发展更是需要经历一个艰难的过程，在其发展过程中也必然会遇到各种风险。以投资风险内容和风险产生的主要载体为划分依据，产业投资基金投资的风险性和不确定性因素总体上可以被分为被投资企业风险和基金自身管理风险两大类，并可以进一步细分为技术风险、市场风险、经营管理风险和投资环境风险。通过对两大类四个细分风险进行分析，并施以必要的风险防范措施，可以在一定程度上降低投资风险或投资失败发生的可能性，保证产业投资基金投资运营的稳健运行。

3.5.1 技术风险及控制

在产业投资基金投资的过程中，由于产业技术前景或研发效果的不确定性，可能导致投资失败，尤其在其投资高新技术产业企业时表现得更为明显。因此，产业投资基金在投资运行过程中应注重投资方向选择、产业技术核定、产业技术审查等工作，防范因技术风险导致的投资失败。

以产业政策为导向选定投资方向。具体而言，产业投资基金应以产业政策为投资原则，以产业引导为主要目标，选定的投资方向应符合国家产业政策，符合产业结构调整升级发展趋势。同时，在选定产业投资基金投资方向时，应根据产业的超前性、带动性、生产效率及支撑性等因素综合评价，以做出最佳的投资决策。

以技术审查核定产业投资可行性。技术是影响某一产业发展的重要因素，在产业投资基金投资过程中，基金管理人员应仔细审查被投资企业的技术创新能力，选取具有领先技术和知识产权并能促进我国产业技术创新的企业作为主要的投资对象。在技术审查时，应严格按照相关工作安排完成尽职调查，对相关技术市场前景的可行性、先进性做充分核定与鉴别。只有这样，才能在投资项目初选阶段降低技术风险，满足产业投资基金的投资回报要求。

3.5.2 市场风险及控制

市场总是存在不确定性，企业都会面临市场环境变化带来的经营获利或亏损。无论是投资于传统行业还是投资于高新技术产业，产业投资基金都面临因宏观经济或行业变化所导致的供求关系变化。这种变化进而产生了市场风险。具体来说，市场风险包含着产品竞争风险、产品交易风险、产品购买力风险等。因此，提升产业投资基金对市场风险的把控，着重采取以组合投资、联合投资、针对性配置投资、阶段投资等方式降低市场风险，减少投资失败的可能性。

（1）组合投资策略选择。即以现代投资组合理论为基本操作理念，采取分散投资的方式有效降低投资风险。产业投资基金在投资项目或企业时，应采取向不同的公司、不同的行业以及不同的地域进行组合投资的策略，组合投资将资金分布在多个项目或企业中，防止总体投资失败。若发生投资损失，也可以从组合投资中相互抵消或补偿，从而在一定程度上降低投资风险水平，同时保障产业投资基金的资本增值。

（2）联合投资策略选择。产业投资基金以产业政策为主要引导方向，肩负着国家产业政策落实的重任。但在基础设施产业和国家战略支撑性产业的项目多为投资周期较长、资金需求较大、收益增长缓慢的项目。为降低投资风险，产业投资基金可以选择联合投资的方式，加强与其他投资机构或社会资本合作，组成联合财团，推进投资项目股份制以分担投资风险。这种方式既可以满足项目大的资金需求，又能形成投资的规模经济效益，还能降低投资风险。

（3）被投资企业内部匹配投资。企业内部匹配引入资金的理念类同于联合投资，区别在于内部匹配投资为被投资企业内部的投资，而联合投资则属于外部投资。为保障产业投资基金的稳健运行，降低投资风险，在对企业或项目投资时，产业投资基金可以要求被投资企业所有者或管理层匹配投资资金，共同进行项目投资，这既能促使被投资企业加强经营管理，与产业投资基金资本增值目标保持一致，又能有效降低产业投资基金投资风险。

（4）阶段投资选择。在信息不对称的情况下，投资机构对初创企业管理者才能的认定不清和对项目的资金需求及风险审核不足等因素，导致多数股权投资基金投资初创企业的成功概率较低。在投资过程中，根据企业成长性产业投资基金可划分为多个阶段（种子期、成长期、扩张期、成熟期），并匹配相应比例的投资资金投资于企业发展的各阶段，从而使产业投资基金投资方向能根据项目的各个阶段加以选择，其操作的灵活性得以体现。

3.5.3 经营管理风险及控制

在实际运营过程中，产业投资基金会因基金管理者管理能力或业务能力的欠缺，在项目选择和项目决策上存在不确定因素。产业投资基金的投资以产业政策为主要引导方向，以产业发展壮大为重要内容，在一些基础设施性产业及战略支撑性产业项目中，投资资金体量较大，当存在项目投资决策失误时，将会对项目结果产生重大的影响。因此，在项目投资决策时，一方面，需要优化基金内部管理机制与治理结构，建立科学的决策机制；另一方面，需提高基金管理人的综合管理能力，并明确管理层的责任与权利。

（1）决策权利制衡。从产业投资基金发起到项目投资决策应由基金管理者、投资者、基金托管人及被投资企业相互协商，以明确投资决策内容与权利责任分工，并达成最后利益共享机制。在这一过程中，还要加强基金内部与外部的沟通协作，才能有效降低管理风险。

（2）加强投资监管及控制。为防止产业投资基金的投资被企业随意使用，产业投资基金应建立一套科学的内部监管机制与沟通机制，以降低信息不对称。通过定期审查资金使用目录，促使被投资企业规范运营；加强对被投资企业的控制和监管，防止企业在实际运行中的资金滥用与经营战略失策，降低经营管理风险。

（3）完善激励机制防止道德风险。在产业投资基金投资过程中，基金管理人或存在权力寻租的可能，其以牺牲委托人利益为代价追求自身效益最大化，给投资者造成损失，从而损害投资者的利益。因此，强化规章制度的管理，完善激励机制和报酬薪金机制，企业总体策略应以业绩为导向，将基金管理者个人收益与业绩真正挂钩，促使管理者在获得合理报酬的同时相应地承担风险及责任。

3.5.4　环境风险及控制

一般来说，产业投资基金的环境风险主要集中于产业政策风险和相关法律制度风险。投资条件良好，产业投资基金的健康发展将有一定的保障，投资的风险也将降低。当前，我国处于全面深化改革的关键时期，相关的法律制度建设还不完善，对于产业投资基金发展的重要保障内容——资本市场的制度建设急需完善。因此，产业投资基金在环境风险控制中，一方面，要在积极争取政府支持的同时，在产权制度和组织结构上减少政府随意地进行行政干预的可能性。政府也应理顺职能，从微观经济领域中脱身出来。另一方面，产业投资基金要严格依法运作，谨慎选择项目投资及项目合作，降低法律风险。

3.6　产业投资基金的绩效评价

当前，我国产业投资基金发展还不完善，对产业投资基金的绩效评价还需要深入探讨与研究。本书认为，在对产业投资基金的绩效进行评价时，需要根据产业投资基金的政策内涵并结合我国发展实际，在满足国家产业相关政策任务的基础上，以投资者资本合理增值为目的，对产业投资基金的绩效进行评价。不能仅仅照搬一般的股权投资基金绩效评价方法或简单地借用国外的绩效评价理论与方法。具体来说，在对我国产业投资基金的绩效进行评价时，应从战略高度出发，以产业政策为基础、投资者资本合理增值为目标，结合产业投资基金的财务指标、基金管理者综合能力和社会效益实现等指标，评价产业投资基金的绩效。

3.6.1　财务指标选择

以财务指标测定产业投资基金的投资效益既是利润显性化体现的重要内容，又是产业投资基金经营成果的具体衡量指标。其体现出产业投资基金管理者为投资者或股东带来的资本收益，利润越多，资本创造的价值越大，投资者获取利益越多，因此，财务指标应是产业投资基金绩效评价的基本指标。从我国产业投资基金的发展实践来看，财务指标选择可以采用总投资收益率（ROI）、产业投资相对收益率（IRY）、内部超额收益率作为产业投资基金利润评价的基本测度指标，见表3-6。

表3-6　产业投资基金绩效评价财务指标选择

财务指标	公式	解释	备注
总投资收益率	$ROI=EBIT/TI$	总投资收益率是指投资项目达到设计能力后正常年份的年息税前利润或运营期内年平均息税前利润（EBIT）与项目总投资（TI）的比率	ROI较大，则表明投资项目的收益率较高，项目投资绩效较好；反之，则表明投资项目的收益率较低
产业相对收益率	$IRY=R/IAY$	产业相对收益率（IRY）是指单一投资项目的收益与整个产业的平均收益的比值；R为投资项目的投资净利润率；IAY为产业的平均收益率	IRY大于1，项目的收益率要好于项目所在产业的平均收益，则投资绩效好；反之，则投资绩效较差
内部超额收益率	内部超额收益率＝（净投资回报率－基金的平均收益率）/基金的平均收益率	投资项目的净投资回报率与基金公司的平均收益率的比值	内部超额收益率大于1，项目的收益要好于整个基金的平均收益，则投资绩效好；反之，则投资绩效较差

3.6.2　基金管理者管理能力评价

产业投资基金管理者的综合管理能力评价是产业投资基金绩效评价中

的重要内容。产业投资基金管理者应在产业政策的指导下，为投资者创造资本价值最大化，保障投资者获得相关收益，促进产业投资基金健康发展。产业投资基金管理者的管理能力评价是较为复杂的过程，根据国外对股权投资基金管理者的综合管理能力评价相关经验，可以选择两个指标来测度，即对项目企业股权选择能力和进行项目投资的时机选择能力。产业投资基金投资于非上市企业，股权选择能力就是基金管理者是否对项目股权标的进行有效识别，选择价值被低估的企业，构造最优投资组合。项目投资时机选择能力体现了基金管理者对产业与项目发展趋势的有效把握，或者说管理者在项目种子期、成长期、扩张期、成熟期中，选择恰当的时机进入或退出的能力。20 世纪 60 年代，国外学者特雷诺（Treynor）和玛泽（Mauzy）在对证券基金市场做了深入研究，第一次提出了对基金管理人绩效评价的模型即 T-M 模型，并采用相关经验数据做了充分的实证研究。这对产业投资基金的管理者能力评价有着良好的借鉴作用。

在产业投资基金运用 T-M 模型进行内部基金经理人择时、择股能力评价时，应以产业市场景气度为评价依据，而不是以证券市场的多头或空头为依据，即具备择时能力的基金经理应能根据产业市场景气度来估计投资基金的投资收益趋势，在市场处于良好发展状态时，可以优化投资组合，降低投资组合的风险水平，获得较高的投资收益；当市场发展面临较坏的局面时，可以增加投资组合，降低资金风险水平，避免投资失败，避免出现较大的资金亏损从而在一定程度上保障资金的安全。产业投资基金管理者的综合管理能力评价是产业投资基金绩效评价中的重要内容。管理者应在产业政策的指导下，为投资者创造合理资本收益，并保障投资者获得相关收益，促进产业投资基金健康发展。

3.6.3 社会效益评价

产业投资基金，在我国有着特殊的地位和意义。产业投资基金在政府的支持和引导下，以实现产业政策目标为投资原则，需产生良好的社会效益，创造社会价值最大化。因此，产业投资基金运营绩效的好坏，不仅关系产业投资基金、金融管理机构、利益相关者的权益，也能影响到我国产业投资基金行业及金融资本市场的良好发展。产业投资基金管理者应提升基金管理能力，加强自身制度建设和风险管理，注重与社会良性互动，提高产业投资基金的社会效益水平；同时，在经营过程中，要诚信守法，保护投资者，促进监管体制的完善与法治的健全。只有这样，才能促进整个产业市场与资本市场的稳定和繁荣。当然，促使产业投资基金公司的运营目标与持有人、政府监管部门及资本市场的内在要求相一致，从而在一定程度上节约制度建设成本，实现社会效益的最大化。此外，产业投资基金还必须承担一定的社会责任，包括解决社会就业、支持公益事业、注重环境保护以及促进人与社会的和谐等问题。

4 产业投资基金投资绩效影响因素的实证分析

本书在前一章系统梳理了我国产业投资基金发展现状、未来趋势、运营机制及模式等。虽然在国家政策的支持下，产业投资基金呈现出快速发展态势，但相关研究在阐述产业投资基金实现我国相关产业政策及优化产业结构中（张晋莲，2013；向吉英，2001；袁苏苏，2014；陈菲琼，2015），主要围绕产业投资基金自身展开，涉及其理论模型（蔡神元，2011）、制度设计（郭广良，2010）及发展经验借鉴（张圣楠，2010）等内容。作为产业投资基金投资周期的最后环节，产业投资基金的退出一直以来备受学术界和实业界的关注。产业投资基金如何选择恰当的时机、恰当的退出方式，使自身在实现产业政策目标的同时获得合理投资收益，以及产业投资基金的投资绩效受哪些因素影响，均是需要研究的重点内容。本章在国内外学者相关研究的基础上，结合产业投资基金发展实际，对产业投资基金投资绩效的影响因素进行了深入的实证分析。

4.1 产业投资基金投资绩效现状分析

近年来，我国证券资本市场发展有了明显的进步，相关的配套制度和法律规范逐步完善，为产业投资基金的退出环境搭建了较好的多层次平台。基金退出渠道日益多元，目前已经初步形成沪深两市主板市场、深市中小板及创业板市场、全国中小企业股份转让系统（新三板系统）。从

表 4-1 可以看出，我国产业投资基金退出方式主要为上市即首次公开发行上市退出，其占比在 2011 年达到最高值 87.05%，已经成为我国产业投资基金的主要退出方式。与此同时，并购方式的占比也有上升趋势，2013 年高达 50%。此外，从我国产业投资基金历年的退出方式看，选择清算方式退出的占比一直最低。

表 4-1　产业投资基金退出方式分布　　　　　　单位:%

年份	上市	股权转让	M&A（并购）	清算
2009	84.21	7.89	5.26	2.63
2010	85.71	11.69	2.60	0
2011	87.50	4.17	8.33	0
2012	84.62	4.62	10.77	0
2013	34.38	12.50	50.00	3.13
2014	79.17	8.33	12.50	0

数据来源：根据公开资料手工整理。

从 2006 年我国第一批政府主导型产业投资基金挂牌开始，到 2008 年政府引导型产业投资基金逐步发展，再到现今全国各地产业投资基金大量成立，产业投资基金进入了飞速发展时期。我国产业投资基金以首次公开发行上市退出的项目占比稳步增加，实现上市的企业也随之逐步增多。伴随主板市场、中小板市场、创业板市场 IPO 机制逐步完善，产业投资基金通过上市途径退出越来越普遍。

从图 4-1 可以看出，2009—2014 年，产业投资基金所投资的公司实现主板上市退出 28 家，中小板上市退出 112 家，创业板市场上市退出 116 家。可见，产业投资基金对我国各类企业的发展有着深刻的影响。

从图 4-2 可以看出，创业板市场和中小板市场在我国产业投资基金所投资企业上市退出案例中占据重要比例，两类渠道上市比例总和达到 89%（占比分别为 45% 和 44%）。

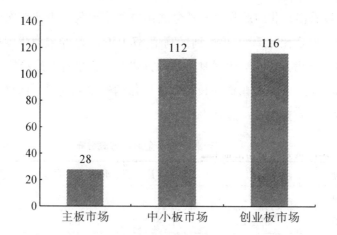

图 4-1　2009—2014 年我国产业投资基金首次公开发行上市退出分布

数据来源：根据公开资料手工整理。

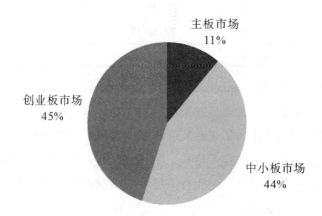

图 4-2　我国产业投资基金首次公开发行上市退出分布占比

数据来源：根据公开资料手工整理。

从图 4-3 可以看出，在产业投资基金所投资企业的行业分布中，基础化工（特种化工）、互联网软件与服务、工业机械与重型设备、精密仪器与电子设备行业的企业所占比例较大，其中精密仪器与电子设备行业企业占比高达 23.11%。这一分布结果进一步表明，产业投资基金投资方向与国家着力推动基础实施行业、战略支撑性行业以及高新技术行业的政策原则基本吻合。这与我国当前产业结构调整升级的国家大政方针趋同。因此，作为一种政策性创新投融资工具，产业投资基金对我国产业结构调整升级有着重要作用、对促进我国传统产业升级与高新技术产业发展壮大有着重要的现实意义。

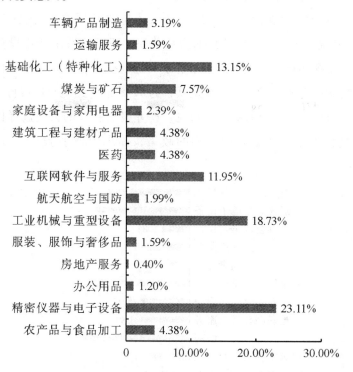

图 4-3   2009—2014 年我国产业投资基金投资行业分布

随着相关配套机制和优惠政策的逐步实施，企业股本的市场化补充机制的逐步完善，金融服务实体经济能力的逐步提升，产业投资基金将会迎来迅速发展的大好时机。与此同时，面对国内外复杂的经济形势及产业结构调整升级要求，产业投资基金仍然面临诸多困难和挑战，这将对产业投资基金投资运行与退出产生深刻的影响。影响产业投资基金退出成功与否的因素较多。其不仅仅与退出策略和方式有关，也与产业投资基金投资方式和投资时间周期等因素相关。同时，影响产业投资基金退出方式的因素也是多方面的。其不仅需考虑资本增值水平、退出方式的可行性与便捷性、新一轮融资规模，还需要考虑监管层的审批、相关法律规范的限制等。

从图 4-4 可以看出，医药、精密仪器与电子设备、基础化工（特种化工）、农产品与食品加工、工业机械与重型设备、航空航天与国防的投资回报处于较高的水平，其中医药高达 12.28 倍的投资回报率，也可以看出产业投资基金的投资行业民生行业（医药与农产品类）、国家支柱行业（国防、基础化工、重型设备）的重点关注，还可以看出产业投资基金在支持国家支撑性行业发展方面也取得了良好的投资收益。此外，也可以看出煤炭与矿石行业的投资回报率最低，为 1.49 倍。这也与煤炭行业本身产能过剩、行业景气度衰减有关。可见，产业投资基金的行业选择也符合国家化解过剩产业、淘汰落后产能的政策，体现出产业投资基金的政策属性。

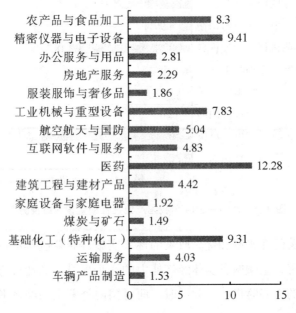

图 4-4　2009—2014 年我国产业投资基金行业分布投资回报率

4.2　产业投资基金投资失败案例分析

产业投资基金投资回报需要一定周期，但由于其在我国发展的时间较短，退出案例较少，因此产业投资基金退出失败的案例较少（如清算等），被投资企业上市或并购失败的例子尚未出现。

不过，从国内外风险投资基金发展历程来看，产业投资基金投资失败可能也难以避免。比如，作为我国产业投资基金的先驱——中国新技术创业投资公司（以下简称"中创公司"），主要发起股东为原国家科委（持股 40%）、财政部（持股 23%）等，是中国境内第一家创业投资公司，成立的最初目的是配合"火炬计划"①的实施。中创公司的主要业务是通过投资、贷款、租赁、财务担保、业务咨询等为科技成果产业化和创新型高新技术企业提供产业风险资本。在 IT 产业、生物医药、环保新材料等高技术领域进行了数十项投资，为我国高新技术产业发展做出了一定的贡献。然而，1998 年 6 月，中创公司因债务累累、违规炒作房地产和期货而被中国人民银行宣布终止金融业务并进行清算。其失败对于产业投资基金投资有以下启示：一是规范运作，法律保障。在美国等西方国家的风险投资的发展中，制定了相应的法律法规，对风险投资业进行相应的制约和保证。美国出台了一系列税收优惠政策，如中小企业信用担保制度、投资基金法等成套的系统的法律法规支持风险投资的发展。而中国改革进程中，法制建设配套相对滞后，法制观念薄弱，面对新兴的产业风险投资，国内法律法规对其行为产生了一种传统的束缚，使得中创公司在发展中离开了其建立的初衷，不得不转向其他业务，这是给中创公司带来灾难的潜在原因。二是产业投资定位不清晰。中创公司主要为科技产业化服务。其面向的对象一般集中在新兴的、中小型的企业方面，却从事炒股、拆借等违反金融规定的活动，严重违背其产业扶持创新发展的定位。三是内部管控缺失。中创公司的消亡也归结于内部经营、运作、管理、决策等方面的问题，在各种体制因素、各种政策因素的作用下，中创公司一直未能以真正的高新技术产业风险投资公司进行运作，且对企业经营权方面有所控制、对企业的创新发展有着严重的阻碍，部分企业有所回避。对被投资企业是促进发展而不是控制其经营权，这对产业投资基金的企业定位有着重要的启示作用。此外，中创公司在期初阶段进行产业投资活动后变形成信托投资公

---

① 火炬计划是一项发展中国高新技术产业的指导性计划，于 1988 年 8 月经中国政府批准，由科学技术部（原国家科委）组织实施。

司，从事储蓄等银行业务。在客户对资产的需求下，从事高息揽储、违规经营、管理层腐化，进而导致中创公司走向灭亡。

4.3 产业投资基金退出影响因素分析

产业投资基金退出方式的选择受多种因素的影响。这些因素分为内部和外部两大类。相关研究发现，产业投资基金选择什么样的退出方式，内部影响因素有着重要影响。内部影响因素包括两类：一类是产业投资基金自身规模、品牌声誉、投资决策等要素；另一类是被投资企业的管理团队能力、产品服务市场竞争力及企业绩效水平等要素。外部影响因素也对产业投资基金的退出方式选择有着深刻影响。其主要包括经济发展趋势、市场机制及法律法规等要素。深入分析上述因素，对产业投资基金实现成功退出有着重要的现实意义。

4.3.1 内部影响因素分析

内部影响因素包括产业投资基金内部特征和被投资企业的内部特征两个方面。其中，产业投资基金内部特征包含投资策略、资本规模、品牌声誉、团队能力，被投资企业内部特征包含企业管理团队能力、盈利水平、产品竞争力及发展潜力等。在完备的市场环境下，内部影响因素对产业投资基金的退出方式及退出时机的选择有着深刻的影响。

4.3.1.1 被投资企业内部特征的影响因素

产业投资基金作为一种政策性创新投融资工具，对我国产业结构调整、传统行业转型及高新技术行业发展有着重要作用。产业投资基金在进入企业后会对其经营管理及相关制度建设施加影响，尤其是对高新技术企业。产业投资基金对其进行的培育、开发及管理，有助于提升企业创新能力，从而帮助其在投资周期内快速促成产品服务的商品化、产业化，从而获得高额利润。从这个层面来说，被投资企业与产业投资基金是一种互惠互利、共谋发展的关系。产业投资基金为企业提供发展资金，企业获得发展后产业投资基金通过退出获得投资收益。在这一过程中，企业内部特征将对产业投资基金的成功退出产生重要影响，若企业管理团队拥有较高的管理能力，保持企业的持续竞争优势，产业投资基金则更有可能成功退出。不过，从近年实践来看，为推动我国高新技术产业的发展而成立的产业投资基金较多，但从投资效益来看其成果并不突出，根本原因就在于产业投资基金未能充分增强被投资企业的产品服务竞争力。部分企业甚至仅仅为了吸引产业投资基金进入以解决当前发展中面临的资金匮乏问题，其利益导向性过强，所获资金未能真正投入产品研发或市场拓展中去，从而导致产业投资基金后期退出较为困难甚至投资失败。此外，初创企业的管理人员战略决策失误，管理能力不足，也可能导致企业利润难以实现，影响产业投资基金的收益和价值的提升。因此，产业投资基金的成长和发展依赖于被投资企业的成功，企业内部多种因素将影响产业投资基金投资收益的实现。

4.3.1.2 产业投资基金内部特征的影响因素

产业投资基金依赖于自身的专业管理能力和价值发现能力对投资标的企业进行选择，能否在产业中选择具有潜力的投资标的，决定着产业投资基金将来能否顺利退出以实现增值。影响产业投资基金投资绩效的内部因素主要包含产业投资基金的投资决策能力、价值发现能力、风险控制水平、运营管理能力、品牌声誉等。具体而言：一是当产业投资基金的品牌声誉与退出时资本收益有可能具有关联；二是良好的风险控制能力是促进产业投资基金稳步运行、获得良好投资收益的重要前提；三是科学的决策管理体系和专业的基金运营机制是产业投资基金健康发展的重要保障。因此，基金应极力提升自身的管理能力和专业性，以保障产业投资基金在做出投资或退出决策时能获得良好的收益。

4.3.2 外部影响因素分析

影响产业投资基金退出方式及投资绩效的外部因素是指外部宏观经济与制度环境。其主要包括资本市场环境、宏观法律机制及区域经济发展形势等，其中制度环境的影响最为明显。查阅相关文献发现，国内部分学者根据当前我国产业投资基金发展状况，对影响产业投资基金退出的外部因素做了一定研究，并总结出一些当前制约我国产业投资基金退出的外部制度环境因素。主要包括三个方面：一是政策制度因素，即关于产业投资基金的法律法规体系不完备，政府对产业投资基金的政策引导作用受到了一定程度的限制；二是资本市场因素，即产业投资基金上市退出方式条件严格，场外交易市场不活跃；三是外部投资中介服务，即投资相关机构对产业投资基金参与程度较低，相关体系未形成。依据当前我国产业投资基金发展实际，上述外部因素对我国产业投资基金退出产生了重要影响。具体分析如下：

4.3.2.1 政策制度因素

我国关于产业投资基金管理办法的正式文件至今仍未出台。2006年，政府为规范产业投资基金运作模式，加快我国投融资体制改革进程，发挥产业投资基金对我国产业发展的重要推动作用，出台了《产业投资基金管理暂行办法》。但该办法的相关制度条款未对产业投资基金的退出做出规定，对其退出也未有明确的制度保障。产业投资基金相较于一般投资具有更高的风险和不确定性。因此，急需出台相关管理办法，才能促进产业投资基金健康、稳步发展，以实现我国产业结构调整升级。具体而言，法律法规制度不完善还体现在以下四个方面：

（1）IPO法律制度

我国创业板和中小板市场在一定程度上改善了我国企业上市困难的局面，但关于企业IPO的法律制度仍存在一定的不足或过于严格。相对于创业板和中小板市场，我国主板市场的上市硬性条件不仅更为严格，而且程序复杂、承销费用较高，对于部分正处在扩张发展阶段的高新型技术企业，因难以达到相关上市条件，从而影响产业投资基金的退出路径。此外，《中华人民共和国公司法》中的部分规定也对产业投资基金的退出存在重要影响，如上市锁定期的限制。目前，我国上市公司的锁定期为一年，产业投资基金作为一种政策性金融工具，相较于其他股权投资基金，其资金的募集本身存在一定困难。一年的锁定期对于期望快速回笼资金，以便进行下一轮产业投资的产业投资基金来说，仍然太长。由前文的分析可知，当前我国创业板市场是产业投资基金上市退出的主要选择平台，但从创业板上市的硬性条件对部分企业仍较为困难，创业板规定了一系列指标条件，诸如公司成立时间、资本规模、盈利能力等。这对于金融资本服务实体经济的政策目标存在一定偏离，制约了产业投资基金通过被投资企业上市退出的选择。

（2）并购法律制度因素

在国内外投资领域中，公司并购作为现代投资的重要组成部分，越来越受到人们的重视。然而，并购是一个既复杂又烦琐的资本运作过程。这需要完善的法律制度为其保驾护航，才能有效地发挥其作用。当前，我国并购市场虽然有了一定的发展和进步，但相关的法制规范零散，缺乏系统性，对产业投资基金的退出支撑作用略显不足。总体说来，关于并购的法律制度存在以下两个方面的缺陷：一方面，并购相关法律规范内部存在规则冲突，且未及时修订。如《上市公司收购管理办法》与《股票发行法律办法》在收购主体性质、收购邀约等方面缺乏一致性描述，支付方式缺乏统一性。另一方面，相关法律法规对并购类型（如回购、合并、分割等细分类型）的描述缺乏规范性。此外，产业投资基金是拥有政府背景的股权投资基金，而国有产权的管理与价值评估等方面也存在法律空白及配套不及时的问题，比如我国并购通常以现金交易方式实现，在国际上通行的股权置换并购方式，在我国产业投资基金退出被投资企业时无法顺利实施，这使得并购更具有难度，无疑制约着产业投资基金顺利退出。

（3）股权回购制度因素

股权回购作为产业投资基金的退出方式之一，近年来也受到了产业投资基金的重点关注。自产业投资基金进入企业后，若企业不能按照进程实现上市，企业回购产业投资基金的持有股权成了退出的重要选择。当前，我国对于股权回购的法律规范十分严格，产业投资基金以企业股权回购的方式实现退出，仍存在一定限制。我国《股票发行与交易管理暂行条例》对企业回购股份做了限制，未按有关规定经过批准则不得回购企业股份[①]，

---

① 详见《股票发行与交易管理暂行条例》第四十一条，未依照国家有关规定经过批准，股份有限公司不得购回其发行在外的股票。

且存在其中有关界定不明确的问题，这无疑加大了产业投资基金退出的难度。此外，《中华人民共和国公司法》对企业回购股份也做了严格限制，且程序复杂可能导致退出周期过长（胡浚，2012）。

（4）破产清算制度因素

从我国企业破产相关法律规定来看，《中华人民共和国企业破产法》[①]对企业破产宣告、破产清算和交易分配等内容做了明确表述与规定。但从企业破产申请与受理的程序看，手续复杂，受理过程缓慢，从而导致破产时间周期较长。这使得产业投资基金投资的企业破产时，产业投资基金不能及时以破产清算的形式退出，可能会加大资金损失，这无疑会影响到产业投资基金的健康发展。

4.3.2.2 产权交易市场不完善

产权交易作为现代投资领域的重要内容，也是学术界和实业界的关注重点。产业投资基金在对企业进行投资时，对产权的清晰度和流动性有着严格要求，产权能否实现顺利交易是影响产业投资基金是否顺利退出的重要因素。有效的产权交易市场（或交易系统）是产业投资基金健康发展的重要前提。当前，我国已形成包括主板市场、中小板市场、创业板市场和新三板在内的多层次证券市场交易平台体系，资本市场的发展取得了明显的进步。然而，作为资本市场的重要组成部分，以场外股权交易平台为代表的产权交易市场发展缓慢且存在诸多问题，诸如市场法律制度缺乏统一性、市场分割导致区域严重隔离、场外交易层次较低及成本过高、交易主体产权不明晰等问题。产业投资基金所投资的企业如不能实现上市，产权交易市场将是投资基金顺利退出的重要选择。然而，上述因素将严重影响到产业投资基金投资企业的产权交易流动，对产业投资基金通过产权交易市场退出存在一定的制约。

4.3.2.3 金融中介服务体系的匮乏

退出环节作为产业投资基金投资周期的最后一环，是投资基金获得高额投资收益实现资本增值的重要前提。产业投资基金的退出是一个较为复

---

① 2006年8月27日全国人大通过了《中华人民共和国企业破产法》。该法于2007年6月1日起施行。

杂的过程，涉及内容较多，这需要专业中介服务机构对企业的股权和产权等内容进行咨询辅导。从现实意义上看，金融中介服务机构是产业投资基金健康发展不可或缺的支撑。金融中介服务机构不仅包括银行机构、律师事务所、券商保荐机构、会计师事务所等传统型机构，也包含对知识产权进行评估、对投资标的行业市场分析机构乃至相关监督管理单位和行业协会等。根据国外的股权投资基金发展经验，我们有理由相信，有效而完善的金融中介服务机构也将会对产业投资基金的健康发展起到重要的促进作用。从当前与我国产业投资基金相关的金融中介服务机构发展现状看，虽然取得了一定的进步，但相较于发达国家还存在不少差距，体系仍不够完善，如当前还未形成全国性质的产业投资基金行业协会及相关顾问机构等。此外，部分金融中介机构对产业投资基金的偏好程度较低，或有针对性的中介服务内容较少，这都影响到产业投资基金发展。

4.4 研究假设

产业投资基金作为一种政策性创新金融工具，对我国基础设施产业、战略性重点支撑产业及高新技术产业的发展有着重要的促进作用。但是，通常处于这些产业中的企业在具有一定发展前景的同时也面临较多的不确定。各种不确定因素将影响到产业投资基金投资成功率以及获得投资收益与资本增值的数量。虽然现有文献对产业投资基金的投资绩效研究较少，但我们可以通过学术界对其他类投资基金退出的研究中得到一定的启示。

Zott（1998）通过对风险投资基金的研究发现，风险投资基金在投资过程中，与被投资企业之间存在信息不对称，这将影响到风险投资基金的顺利退出。被投资企业在引入风险投资基金时，可能存在对企业的经营及财务的真实情况故意进行隐藏，导致风险投资基金无法对企业信息进行全面的了解。同时，在投资后期，被投资企业也存在对企业的发展规划等战略内容进行隐藏，导致风险投资基金退出难以顺利实现。由此，风险投资基金对标的企业的投资决策以及对其监督管理将影响到风险投资基金的后期退出工作。Timmons（1992）以美国风险投资基金为研究样本，发现风险投资基金的专业性及投资决策管理能力与项目能够成功退出的概率呈显著正相关。Vermeir（1996）通过类比欧美风险投资基金发展实际，结合相关数据对基金的投资绩效进行了实证分析，研究结果表明，风险投资基金的声誉及从业时间对被投资企业的未来发展有着积极影响，拥有丰富投资经验的风险投资基金对企业发展的提升作用尤为明显。Hellmann（2000）通过对风险投资基金的内部效力与收益做了深入研究，发现成立时间较短的风险投资基金，由于投资经验的欠缺，往往投资效率较低，获得的资本收益也较低。综上所述，本书认为产业投资基金的投资绩效与其专业性及投资经验有着紧密关联，同时，产业投资基金的投资经验积累需要一定的从业时间。一般说来，从业时间越长其积累的投资经验越丰富，专业性越强，相应地也就能为被投资企业提供更多、更好的投资服务，其投资收益也就越高。基于此，结合我国产业投资经济发展实际与相关经验研究，本书提出假设1。

假设1：产业投资基金的从业时间对其投资绩效有着积极的影响，从业时间越长，其投资绩效水平越高。

投资周期对投资效益也存在着重要影响。Macintosh（2001）对风险投资基金的投资周期与投资效益之间的关联做了深入研究，发现投资周期越长，投资的资本收益越低。其原因在于，风险投资基金对企业进行投资时，在投资初期往往能为企业提供诸多的增值服务，这对企业运营管理的完善和内部制度的建立有着重要的指导作用。随着投资周期的延长，产业投资基金的边际附加值与其边际成本接近时，投资的风险将降低，获得退出的收益要求也将降低。Manigart 和 Sophie（2002）的研究发现，由于风险投资基金募集资金的方式大多以私募的形式进行，具有一定的封闭性和限制性，为确保有限资金能为投资者带来更快、更高的收益，风险投资基金的投资选择将偏好于周期更短的项目，以追求更高资金使用效率及绩效水平。基于此，本书提出假设2。

假设2：产业投资基金的投资绩效水平与其投资周期有着紧密的联系，产业投资基金投资周期越短，其投资绩效水平越高。

当前，我国产业投资基金的资金募集方式主要以私募的形式进行，在募集资金的过程中，产业投资基金的绩效水平高低将作为其他投资者是否投入资金的一个重要参考指标，良好的绩效水平将吸引广大的投资者参与投资。反映投资者信任度及产业投资基金业绩的显性化指标之一就是基金的资本规模。一般说来，较大的资本规模能提升产业投资基金的声誉度，吸引更多的人才及投资者，为被投资企业的发展提供更多增值服务，以保证产业投资基金成功退出并获得较高资本增值。基于此，本书提出假设3。

假设3：产业投资基金的资本规模对其投资绩效水平有着积极作用，即产业投资基金的资本规模越大，其绩效水平越高。

投资作为产业投资基金资本运作的重要环节，是其运营的关键内容。产业投资基金介入被投资企业，获得企业股权，从而对企业经营管理施加影响，完善企业相关运营流程及内部治理机制，在退出时获得相应的投资收益。一般说来，投资规模越大，产业投资基金面临的风险越大。投资组合理论认为，分散投资有利于降低投资风险水平，从而保障资金安全。在一定程度上，对企业进行大规模投资不利于产业投资基金投资风险的分散。集中性的大规模投资对资金的使用效率存在一定程度的影响。基于此，本书提出假设4。

假设4：产业投资基金的投资规模对其投资绩效有着重要影响，即产业投资基金投资规模越大，其绩效水平越低。

产业投资基金对我国基础设施产业、战略性重点支撑产业及高新技术产业的发展有着重要的影响。从产业投资基金发展实际状况看，在不同性质的产业中选择投资标的企业，所获得的投资收益存在一定不同，其投资绩效水平往往有所差别。Mac Donald（1992）对风险投资基金的投资项目案例进行深入总结和分析后发现，相较于传统产业，高新技术产业中的企业发展往往更具有增长爆发性，对其投资所面临的风险水平往往较高，但与此同时，投资效益也相对较高。从我国现实情况看，多数产业投资基金对高新技术产业存在一定的偏爱，其获得的收益水平相较于传统产业更高。此外，部分学者的研究发现，行业对产业投资基金退出的成功概率存在一定的影响，产业投资基金往往从新兴产业（诸如互联网、生物科技产业等）成功退出的概率较大，获得的资本收益也较高。传统产业由于本身的局限性及产品限制，其发生爆发式发展的概率较小，投资于传统行业的产业投资基金，其投资收益也较低。基于此，本书提出假设5。

假设5：行业对产业投资基金的投资绩效水平有着重要影响，相较于传统行业，主要投资于高新技术产业的产业投资基金将获得更高的投资绩效水平。

产业投资基金的专业能力与投资经验的形成和丰富往往与地区经济发展现状具有一定的关联。一般说来，越发达的地区，经济社会文化发展水平较高，市场的繁荣程度较高，形成的商业文化及商业逻辑更有利于市场交易的进一步扩大。因此，处于发达地区的产业投资基金对企业标的选择质量往往更高，相应地，其投资效率也相对较高。同时，制度经济学还认为文化等非正式制度将影响人们的经济行为，对人思维方式及价值取向将产生深刻的影响。Kaplan（2008）的研究发现，越是发达地区的风险投资基金，其投资行为越具有价值，取得的投资效益越高。同时，发达地区对投资行为的保护制度相对完善，风险投资基金投资成功的概率越高。基于此，本书提出假设6。

假设6：产业投资基金的投资绩效水平与其所在地存在一定的关联，发达地区的产业投资基金投资绩效水平较高。

4.5　研究设计

4.5.1　样本选择与数据来源

由于产业投资基金作为一类政策性投融资创新工具，由于市场环境及商业机密的限制，数据并没有完全对外披露。这导致其数据获取存在一定的困难，无法直接通过数据库大量获取研究样本。本书数据最终采用多渠道、多方式进行手工整理搜集。本章以2009—2014年我国主板市场、中小板市场、创业板市场首次公开发行上市的公司为基础，剔除金融类公司、非正常类上市公司及数据丢失的公司，最终获取923家首次公开发行上市公司作为研究样本。其中，包括459家股权投资基金投资的上市公司，根据前文对产业投资基金的定义，核定产业投资基金93家。本章涉及数据通过 CSMAR 数据库、WIND 数据库等渠道获取。产业投资基金数据通过查询沪深证券交易所上市公司首次公开上市招股说明书、《中国风险投资年鉴》、金融界、巨潮资讯等获取，我们还手工搜集了所用产业投资基金的相关数据，得到产业投资基金的从业情况、资本规模等相关信息。

4.5.2 模型设定及变量定义

前文对产业投资基金的投资绩效的影响因素进行了分析，本书将采用实证的分析方法对产业投资基金投资绩效进行深入探究。由于行业隐蔽性特征，加之产业投资基金的发展时间较短，产业投资基金的投资绩效水平往往难以准确界定。本书综合了相关学者研究，采用产业投资基金的退出收益衡量其绩效水平（张继英，2008；雷波，2009）。此外，由于对产业投资基金的退出时间难以准确把握，加之我国产业投资基金的退出主要以上市为主要方式，由此本书拟定产业投资基金的退出时间为被投资企业 IPO 时点，并以产业投资基金持有被投资企业的股份情况为基数，令其与发行价格之间的乘积结果作为产业投资基金退出收益的具体指标数据，通过计算得出的退出回报率和年均回报率作为具体指标。

由前文分析可知，产业投资基金本身的内部特征对其投资收益有着重要影响，良好的管理能力及专业化程度决定着产业投资基金收益水平。一般说来，产业投资基金的专业经验及管理能力的提升需要一定的时间沉淀，从业时间越长的产业投资基金其专业性越强，管理经验也就越丰富，能够为企业提供更多、更好的投资服务，对企业的发展壮大提供更好指导，其获得的投资收益水平往往越高。

此外，产业投资基金专业能力的形成与区域经济特征存在紧密联系。综合相关学者的研究，我国区域经济发展存在一定的差异，东部沿海地区经济发展水平较高，对资本市场的影响程度较强，相应地，对产业投资基金的发展也有着重要影响。本书采用虚拟变量测定区域特征，界定以深圳或上海为产业投资基金发展的发达区域，并取值为 1，其余地区取值为 0。

此外，由前文分析可知，行业特征对产业投资基金的收益有着重要的影响。一般说来，高新技术行业，其产品引爆性较强，产业投资基金在短期内获得的投资收益往往较高。综合相关研究及产业投资基金发展实践，本书采用虚拟变量对行业的界定，拟定以精密仪器、生物科技、互联网软件与服务等行业为代表的高新技术行业取值为 1，其余以装备制造、建筑工程及基础化工等为代表的传统行业取值为 0。

综合前文分析，以产业投资基金的从业时间、资本规模及区域特征作为其重要影响因素，对产业投资基金的投资绩效进行深入研究。

为保证研究的稳健性和准确性，本书借鉴前人（钱萍、张伟，2007；张学勇、廖理，2011）的相关研究，选取了市盈率、投资规模、年度作为控制变量。详细的变量定义与分类见表 4-2。

表 4-2　变量定义与分类

因变量	指标	定义
产业投资基金投资绩效	年回报率（Return）	总回报率＝基金退出某一公司时的投资总收益÷基金初始投资规模；年均回报率＝总回报率/投资周期，以年为基数。
自变量	指标	定义
资本规模	Size	产业投资基金初始注册资金
从业时间	Time	产业投资基金成立到投资项目的时间跨度
基金地址	Adress	注册地深圳与上海区域取值为 1，其余地区取值为 0
IPO 价格	Price	首次公开发行的股票交易价格
投资行业	Industry	"1" 表示投资项目属于高新技术行业，"0" 表示投资项目属于传统行业
投资周期	Cycle	从投入项目到该项目上市的时间跨度
控制变量	指标	定义
平均市盈率	PE	首次公开发行当年的市场平均市盈率
投资规模	Vist	投入项目的初始金额
年度	Year	年份控制变量

根据以上变量定义与分类，建立如下基本模型：

$$\text{Return} = \alpha + \beta_1 \text{Size} + \beta_1 \text{Time} + \beta_2 \text{Adress} + \beta_3 \text{Price} + \beta_4 \text{Industry} +$$
$$\beta_5 \text{Cycle} + \beta_6 \text{PE} + \beta_7 \text{Vist} + \beta_8 \text{Year} + \varepsilon_1 \qquad (4\text{-}1)$$

4.6 实证研究与结果分析

4.6.1 描述性统计分析

本书进一步剔除相关数据丢失的样本，最终得到 164 个样本观察值，相关变量描述性统计分析分别见表 4-3 和表 4-4。从表 4-3 中可以发现，我国产业投资基金的年回报率最大达到 43.44 倍，均值为 2.74 倍，说明我国产业投资基金收益处于相对较高水平，但与其他类投资基金年回报率均值 3.39 倍相比处于较低水平。这也与部分学者研究一致（钱萍，2007），即国有投资机构发展往往承担着推动地区经济发展、实现政府产业发展战略的任务，对投资项目的筛选并不完全以投资收益作为主要考量。而其他类投资基金往往以资本收益最大化为主要目标（王晓东等，2004；徐欣、夏芸，2015）。

表 4-3　产业投资基金与其他类投资基金投资与回报对比

	产业投资基金					其他类投资基金				
	N	极小值	极大值	均值	标准差	N	极小值	极大值	均值	标准差
投资规模/万元	164	54	134 000	3 449	10 012	274	33	60 533	2 768	4 323
年回报率/倍	164	1	43.44	2.74	7.257	274	0	68.25	3.39	10.37

如表 4-3 所示，从投资规模看，产业投资基金投资规模极大值为 134 000 万元，远高于其他类投资基金极大值 60 533 万元；产业投资基金投资额均值（3 449 万元）也高于其他类投资基金（2 768 万元）。如表 4-4 所示，从从业时间来看，我国产业投资基金成立时间最长为 9 年，这与我国产业投资基金的发展历程趋同，说明我国产业投资基金还处于发展初级

阶段。从投资周期来看，我国产业投资基金投资周期均值在 2~3 年，最长投资周期为 9 年。这表明，产业投资基金投资的长期性，也即是说产业投资基金需要较长周期培育产业企业发展，这对我国产业升级与优化有着重要作用。此外，从基金的注册地址来看，我国产业投资基金在东部沿海资本市场最发达的地区有着蓬勃发展，大多数产业投资基金处于上海和深圳地区，这可能与我国产业结构性调整及经济区域差异化有关。因此，在产业投资基金未来的发展中，国家应注重中西部地区资本市场的建设，提高落后地区的经济水平。从基金的注册规模来看，极大值高达 126.7 亿元，均值也达到了 5.2 亿元，这为我国产业投资基金投资基础设施产业及战略支撑产业提供了大量资金支持。

表 4-4 产业投资基金投资绩效描述性统计分析

	N	极小值	极大值	均值	标准差
年回报率	164	0.820	43.440	2.736	7.256
资本规模/万元	164	800	1 267 000	52 034.14	106 423.9
从业时间/年	164	0.800	9	2.561	1.574
基金地址	164	0	1	0.36	0.49
IPO 价格	164	8.18	95.00	26.51	15.74
投资行业	164	0	1	0.39	0.49
投资周期	164	0.870	9	2.510	5.003
平均市盈率	164	32.048	70.140	45.190	13.800
投资规模/万元	164	54	134 000	3 449.81	10 012.326

4.6.2 产业投资基金投资绩效回归分析

通过对产业投资基金投资绩效影响因素做线性回归分析，得出了一定结论（具体结果见表 4-5）。

表4-5 产业投资基金投资绩效的影响因素回归分析结果

解释变量	被解释变量 年均回报率
资本规模	4.31E-06 (0.505 1)
从业时间	0.008 4 (0.467 3)
基金地址	0.912 4 (0.273 2)
IPO 价格	0.268 8* (1.915 6)
投资行业	1.248 6* (1.674 3)
投资周期	−0.159 6** * (−2.618 4)
平均市盈率	0.007 1 (0.835 1)
投资规模	−0.002 6** (2.127)
年度	控制
常数项	3.098*** (4.573 8)
Adjusted R square	0.134
F	8.547
Sig. F	0.002
样本 N	164

注：括号里数字为 t 值。*、**、***分别代表 10%、5%、1%的显著性水平。

从表4-5中可以看出，产业投资基金的投资经验即从业时间与其投资绩效水平（年均回报率），虽呈正相关关系，但并不显著。究其原因，本书认为，由前文对产业投资基金的投资绩效的相关变量进行统计分析可知，产业投资基金的成立年限均值仅为2.5年，说明产业投资基金在我国仍处于初级发展阶段，大多数产业投资基金成立时间不长，其运作经验还有待提升，对项目的甄别筛选及风险把控等能力不足，投资效益也就较低。但随着产业投资基金越来越受到国家的重视，加之相关配套政策出台及制度体系的完善，产业投资基金的管理能力及运作能力将进一步提高，其投资绩效必将会大大提升，从而为促进我国产业结构调整升级做出贡献。

从回归结果中可以发现，产业投资基金的资本规模与投资绩效水平（年均回报率）呈正向关系，虽然这一关系并不显著，但从一定程度上说明产业投资基金的资本规模对其投资绩效起着一定的积极作用。由产业投资基金的发展现状可知，我国产业投资基金的运营模式采用合伙制的较多，大规模的资本金需求将导致更多的资金压力。此外，由于本章的样本数为164个，这可能对实证研究的准确性造成一定影响。

从表4-5还可以看出，产业投资基金的投资周期与其绩效水平（年均回报率）呈负向关系，且在5%的显著性水平上显著。这与假设2预期一致，假设成立。这表明，投资周期越短，产业投资基金获得资本收益越多，其绩效水平也就越高。同时，为保障资金安全性与收益性，对产业投资基金绩效的考虑应着重于资金的流动性。短期投资能在一定程度上提升投资边际价值，资金流动性更强。但随着投资周期的延长，产业投资基金为实现投资收益，希望尽快退出，这可能与企业发展目标存在一定程度的背离，这反而制约了产业投资基金的退出，进而导致其投资收益的下降。因此，产业投资基金的投资周期与其绩效水平呈负向关系。

由回归结果可知，产业投资基金的投资规模与绩效水平（年均回报率）呈反向关系，且在5%的显著性水平上显著，这与本章假设4预期一致，假设成立，即投资规模越大，产业投资基金的投资绩效水平越低。产业投资基金介入被投资企业，获得企业股权，从而对企业经营管理施加影响，并完善企业相关运营流程及内部治理机制，在退出时获得相应的投资收益。一般来说，投资规模越大，产业投资基金面临的风险越大。在一定程度上，对企业进行大规模投资不利于产业投资基金的风险分散。维持适度规模的投资对资金的使用效率存在一定正向影响，因此，产业投资基金的投资规模与绩效水平呈反向关系。

前文假设行业因素对产业投资基金的投资绩效有着重要影响。从回归结果可以看出，投资高新技术行业的确对产业投资基金的投资绩效水平有着积极作用，两者呈正向关系，且在 10% 的显著性水平上显著，基本符合本章假设的预期。产业投资基金作为一种创新的政策性金融工具，投资于基础设施及战略性重点等传统产业，也投向于诸如生物科技、互联网软件与服务、精密仪器等高科技产业。相较于传统产业，高新技术产业中的企业发展往往更具有爆发性，虽面临的风险较高，但产业投资基金能够在较短的投资周期内获得资本收益并实现资金回收。

从回归结果还可以发现，产业投资基金的注册地址与其投资绩效水平之间没有明显关联，这一结果与本章的假设有所不同。究其原因，虽然我国东部经济发达的地区产业投资基金发展势头良好，但总体上我国产业投资基金发展时间较短，投资经验还有待提升，获得的投资收益在地区之间并未形成显著差异，由此导致产业投资基金的注册地址对其绩效水平并没有显著关系。

5 我国产业投资基金的社会效益：基于完善被投资企业公司治理视角的实证分析

在国家政策的支持下，产业投资基金呈现出快速发展态势。但任何产业政策的最终实现归根结底依托于产业中具体企业的行为，即产业中企业行为的累积及其绩效的汇总，就可以为产业政策实施效果提供最基本的评判依据。其社会效益如何评判？产业投资基金对被投资企业影响如何？在被投资企业中扮演怎样的角色？发挥怎样的作用？对被投资企业公司治理结构、公司绩效将会产生什么样的影响？如何从被投资企业中退出？这些问题均值得我们深入研究。本书认为，产业投资基金的社会效益是指产业投资基金在推动国家和地区主导产业发展方面所做出的贡献，具体表现为其在完善国家和地区主导产业企业公司治理结构、提高主导产业企业公司治理水平和发挥运营绩效方面的促进作用。

因此，本章拟基于完善主导产业企业公司治理机制视角，结合前文的理论分析、相关经验研究并结合我国上市公司数据，对产业投资基金与主导产业企业公司治理效率之间的关系进行实证研究。

5.1 研究假设

在本书第二章已经提及，当前国内外关于产业投资基金对被投资企业公司治理的影响研究较少，但从风险投资基金视角探究其对被投资企业公司治理影响的研究较为丰富，多数研究表明风险投资基金在企业公司治理中发挥着重要作用。Vishny（1990）的研究表明，风险投资基金可以在一定程度上完善公司监督机制，从而提高企业公司治理水平。Guercio（1998）通过建立实证模型，探究了风险投资基金参与公司治理的动机，研究结论表明，风险投资基金为保障自身利益不受损失，会积极参与公司治理机制的建立，提升监督效力。Carleton（1999）指出，风险投资基金是企业公司治理的关键补充，相较于被投资企业其他股东，能够保持一定独立性并监督管理层，进而提升企业变革效率。Grier（2000）以美国上市公司为研究样本，探究风险投资机构对企业公司治理的影响，研究结论表明，风险投资机构介入有利于被投资企业完善公司治理机制，并加强对企业管理层行为的监督。Solomon（2003）对加拿大上市公司治理机制的完善过程进行了深入分析，发现风险投资基金能积极参与企业治理结构的完善及相关机制的建立。Beuselink（2007）的研究表明，风险投资机构为维护自身利益而积极参与公司治理，通过加强对企业的监管，能够在一定程度上提高被投资企业公司治理水平，并获得较高的资本收益。刘懿增（2012）的研究指出，私募股权投资基金能够作为被投资企业公司治理的重要参与者，显著提升企业公司治理效应。上述研究结论指出，风险投资基金（私募股权投资基金）对企业公司治理水平提高有着积极的影响。

同时，风险（产业）投资基金对公司治理结构设置具有一定影响。Parrino（2003）的研究指出，风险投资基金持股比例与高管离职概率有着密切关联，风险投资基金对公司高管的经营管理能力不满时，存在"用脚投票"的行为。Strick（2006）的研究表明，风险投资机构对企业董事会规模、构成、两职兼任等能产生重要影响。Pedersen（2007）实证检验了风险投资机构对公司董事会结构的影响，发现风险投资机构与企业董事会规模呈负向关系，而与独立董事比例呈正相关。李尧（2013）的研究指出，产业投资基金对企业董事会规模有着重要影响，产业投资基金持股的公司，其董事会规模高于其他类基金持股的公司。

产业投资基金作为一种创新直接融资金融工具，虽然从政策性、是否纯粹逐利性等方面与一般的风险投资基金或私募股权投资基金存在差异，但它们之间的实质内涵有很多相似之处。上述相关研究结论可以合理推断，产业投资基金在被投资企业公司治理中扮演着重要角色，对企业公司治理水平提高有着积极作用。朱鸿伟和陈诚（2014）探究了产业投资基金对我国创业板上市公司治理的影响作用，发现以国有单位为主要发起人的产业投资基金，为保证投资资金的合理使用和安全性，基金会参与到被投资企业公司治理中去，通过自身资源和专业能力完善公司治理结构，提升治理效率，监督和约束企业管理层行为，从而增强企业市场竞争能力。此外，相关研究表明，各类基金在被投资企业的持股比例对企业经营发展有着重要影响（张学勇，2011；杨大楷，2012）。一般来讲，持股比例越高，意味着产业投资基金介入企业的程度越深，对企业施加影响越大。由此，本书提出假设1。

假设1a：产业投资基金的介入能够提高被投资企业公司治理水平。

假设1b：产业投资基金持股比例越高，被投资企业的公司治理水平也越高。

假设1c：相较于其他类基金，产业投资基金对公司治理水平的影响更大。

股权投资主体对企业绩效的影响研究一直是国内外学者关注的焦点，但结论并不一致。Sorensen（2007）的研究指出，风险投资机构拥有丰富的资源，能够为企业提供较多的增值服务，有利于企业拓展发展空间，提高盈利水平。Lerner（1999）的研究表明，风险投资机构往往拥有较强的专业能力和丰富的专业知识，对行业的理解独到，会给被投资企业提供较多的增值服务，从而提升企业价值。Tsai（2007）的研究发现，风险投资机构的持股比例与企业绩效存在显著正向关联。Leleux（2003）的研究指出，国有背景风险投资机构的投资行为往往带有政策导向性，有着为这些地区或行业的投资提供"政策引导""信任背书"的功能，以期带动社会资本进入某一行业，提升该行业中的企业业绩。

卢颖（2009）以我国证券市场中小企业为研究对象，研究表明，风险投资基金并不能显著提升企业经营绩效，相较于无风险投资基金进入的企业，两者之间的利润水平并无特定差异。刘惠好（2008）的研究指出，风险投资机构对企业绩效、企业价值有着重要影响，存在显著正向关联。于波（2011）以我国创业板上市公司为研究对象，探究产业投资基金对中小企业发展的影响，研究结论表明，产业投资基金对企业经营绩效的提升有限，但也指出在推动中小企业发展的配套服务方面，产业投资基金有着重要作用。李尧（2013）的研究发现，风险投资基金投资的企业经营绩效并无明显提升，但国有风险投资基金投资的企业可以获得更大 IPO 融资额。

产业投资基金作为投资人，以产业政策为投资原则、以产业引导为投资目标。为促进我国产业政策的实现，培育和壮大产业中的潜力企业。其首要功能就是解决企业融资难的问题，为企业提供发展资金。产业投资基金作为专业性的投资机构，不仅仅在资金市场体现出其强大的专业性，在社会资源和人脉资源也拥有绝对的优势，这能为企业提供更多、更好的增值服务，提供更多、更好的专业服务和接触更先进的管理经验，从而增强企业的市场竞争能力，推动企业发展壮大，其业绩水平将得到稳步提高。此外，产业投资基金介入企业程度越深，则越有动力促进企业业绩的提升。由此，本书提出假设2。

假设2a：产业投资基金能够提高被投资企业绩效水平。

假设2b：产业投资基金持股比例越高，被投资企业绩效越好。

产业投资基金在介入被投资企业后，不仅能为企业提供发展资金，也会对企业的经营管理能力产生影响。但是，在产业投资基金进入投资企业后，并不能在短期内真正了解或深刻理解被投资企业经营管理能力及管理层的管理经验能力，由此为了保障被投资企业更好地开展日常经营活动，通常很少直接介入企业的经营业务中。那么，产业投资基金通过什么样的渠道影响公司的经营业绩？本书认为，产业投资基金主要通过影响公司治理结构（董事会结构、管理层持股水平、高管激励等方面）从而影响被投资企业的公司治理水平。而被投资企业公司治理水平的提高，又能直接影响到企业的日常经营活动，最终提高企业绩效水平。也就是说，产业投资基金影响企业公司绩效水平，在很大程度上是建立在影响被投资企业公司治理水平的基础之上的。即产业投资基金影响公司绩效是以公司治理水平为中介，间接影响到公司绩效，从而增强企业的市场竞争能力，实现企业发展壮大，带动产业的发展。由此，本书提出假设 3。

假设 3：产业投资基金对企业公司绩效的影响是以公司治理水平为中介作用的，产业投资基金、公司治理水平、公司绩效三者之间存在传导效应。

5.2 样本选取及数据来源

由于产业投资基金是一类政策性金融创新投融资工具，各支基金的数据并没有完全对外披露，数据获取存在一定的困难，无法直接通过数据库大量获取研究样本。由此，本书数据最终通过多渠道、多方式进行手工整理搜集。本章以 2009—2014 年我国主板、中小板及创业板市场首次公开发行的 1 040 家上市公司为基础，剔除金融公司、非正常类及数据丢失的公司，最终获取 923 家首次公开发行上市公司作为研究样本。根据前文对产业投资基金的定义，核定产业投资基金公司 164 家。本章涉及的公司治理特征数据通过 CSMAR 数据库、WIND 数据库等渠道获取；产业投资基金数据，主要通过 CHINA Venture 数据库获取，并以沪深证券交易所首次公开上市招股说明书、《中国风险投资年鉴》、金融界、巨潮资讯等相关资料及网站为补充，获取拥有产业投资基金背景的上市公司数据。

从搜集的数据结果来看，在 2009—2014 年首次公开发行上市的 1 040 家公司中，剔除金融类、非正常类及数据丢失的公司后，共有 923 家数据完整的上市公司，其中 442 家中小板上市、380 家创业板上市、101 家主板市场上市。如表 5-1 所示，在 923 家首次公开发行的上市公司中，存在拥有产业投资基金背景的共计 164 家，其占比为 17.77%。尤其在创业板市场的居多，其占比为 19.47%。

表 5-1　首次公开发行上市公司产业投资基金背景分布

	主板市场	中小板市场	创业板市场	合计
首次公开发行上市数目/家	101	442	380	923

表5-1(续)

	主板市场	中小板市场	创业板市场	合计
无基金投资的公司/家	63	254	168	485
拥有产业投资基金背景的数目/家	19	71	74	164
拥有产业投资基金背景的占比/%	18.81	16.06	19.47	17.77

产业投资基金对我国产业结构调整升级有着重要作用、对促进传统产业升级与高新技术产业成熟和发展具有重要的现实意义。从图5-1可以看出,产业投资基金投资基础化工(特种化工)、互联网软件与服务、工业机械与重型设备、精密仪器与电子设备行业所占的比例较大。

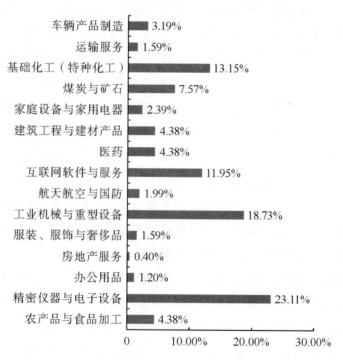

图5-1 2009—2014年我国产业投资基金投资行业分布

5.3 产业投资基金对公司治理的影响分析

5.3.1 公司治理水平的衡量

对产业投资基金、公司治理与公司绩效三者之间的关系进行研究，需要选取适当测度方法，对上述变量进行量化。其中的难点之一在于，如何衡量公司治理水平以及如何选取公司治理水平衡量的指标。

Shaheen 和 Nishat（2004）以公司治理内外两部分为研究点，建立了公司治理评价体系，选取了包含董事会规模、高级管理人员教育背景、高级管理薪酬、企业制度、所有权结构等 37 项指标，对体系进行客观赋值得到了公司治理指数。Standard 和 Poor 公司在 1998 年以《OECD 公司治理准则》为基本指引，将公司治理评价体系划分为国家评分与公司评分两个方面，国家评分侧重宏观政策、制度环境等外部治理机制对公司治理的影响，公司评分侧重企业内部管理机制，如管理层结构、董事会结构、利益相关者等对公司治理的影响。Deminor 公司在标准普尔公司基础上以利益相关者权益为研究点，从股东权利与义务、接管范围、信息披露和董事会构成四个指标对公司治理水平进行评价。CLSA Asia-Pacific Markets 则从公司管理层特征、董事结构和功能、股东利益保护、信息披露透明度、股东现金回报、董事会制度设计、企业社会责任七个方面的 57 个测定指标进行打分评价，评分越高说明公司治理质量越高。

李有根（2003）提出了我国公司治理水平评价体系，以所有权结构、股东权益、信息披露、治理结构和机制为基础，设计了公司治理评价体系，并通过赋值得到了公司治理质量指数。施东晖等（2004）为探究我国上市公司治理水平对公司绩效的影响，从股东行为、高管聘任、高管激励、董事会结构和功能以及信息披露透明度五个方面，主观赋值建立了公司治理评价体系，经过计算处理得到了公司治理指数。李维安（2004，2006）以《OECD 公司治理准则》为基础指引，结合《中华人民共和国公司法》等相关制度从控股股东行为、董事会结构和功能、监事会功能、管理层特征、信息披露、利益相关者六个方面的内容的 80 个评价指标，建立了上市公司治理水平评价指数模型，采用主观和客观相结合的权重赋值方法，逐年推算出我国公司治理质量指数。白重恩（2005）运用主成分分析方法探究公司治理水平，选取了两职兼任、独立董事比例、高管持股、股权集中度等八项指标内容，采用第一主成分对公司治理水平进行反映。廖理等（2008）借鉴白重恩（2005）的主成分分析方法，选取股东行为及权益保护、董事会结构、管理层特征、信息披露四个维度 16 个指标建立了公司治理评价体系。朱鸿伟和陈诚（2014）以创业板上市公司数据为研究对象，在借鉴白重恩（2005）研究的基础上，并对公司治理评价指标进行改进，提出了更能反映公司治理水平的质量指数。

5.3.1.1 公司治理水平评价指标选取

上述研究表明，对公司治理水平的测度应包括多项指标，国外的研究更侧重对内部治理环境外部治理环境相结合，充分考虑宏观政策环境及制度对公司治理质量进行综合评价，国内研究更侧重通过公司内部治理结构及机制对其治理水平进行评估。我国资本市场发展及相关制度设计，相较于发达国家仍存在一定的差距，外部制度环境并不完善，由此以公司内部治理为起点，建立公司治理水平评价体系，更符合我国基本国情和现实状况，在一定程度上更能反映出公司治理真实水平。同时，考虑到任何指标选取都要较为全面地从多个角度反映公司治理水平，由此，本书借鉴相关研究及指标选取方法，选取如下指标：

（1）企业股权结构

企业股权结构是公司治理的关键内容，对公司治理水平具有重要影响（王奇波、曹洪，2006）。股权结构搭配合理有利于公司治理机制的完善，并能在一定程度上影响公司整体价值。一般说来，处于初创期的企业股权相对集中，大股东对公司的经营决策具有重要影响，对董事会和企业管理层影响较大，使得董事会功能不能有效地发挥，内部控制人现象的发生损害中小股东的利益，并导致公司治理效力较差。产业投资基金介入被投资企业，通过自身持有股份比例获取对应权益，在一定程度上改善企业高度集中的股权结构形态。产业投资基金持股，可使基金对企业董事会施加一定的影响，诸如通过占有一定份额的董事会席位、运用否决权等，以便对企业加以监督和管理，进而保障资金的有效性和安全性。同时，产业投资基金介入企业并不是以控制企业为目标，而是以促进国家产业政策的实现，以自身的专业能力帮助企业经营管理，带动企业发展的同时获得相应的资本投资收益。

（2）董事会特征

董事会作为企业重要的管理机构，是公司治理的核心组成部分。董事会的规模、独立性以及董事会成员能力，对公司治理水平有着重要影响。当前，我国企业的董事会结构设置存在诸多问题，相关机制不完善导致董事会功能不能有效地发挥，如董事会独立决策能力以及独立董事的监督效力较低。此外，在企业实际经营管理中，董事会成员与企业经营管理人员重叠的现象严重，尤其在董事长与总经理两职合一的情况下，董事会的独立性将大打折扣，董事会的权力不能良好使用，影响到公司的决策效率和效益的提升。与一般投资人不同，产业投资基金作为专业性管理机构，介入被投资企业具有较强的独立性。企业的发展状况、盈亏关系直接影响到产业投资基金的未来投资收益，因此，产业投资基金对企业运营情况将做深入的研究和分析，为企业发展提供较多的增值服务。为保障企业治理水平的提高，提升企业盈利能力，产业投资基金通过对董事会施加影响、建立较为完善的独立董事制度，以平衡企业内部权力分配，建立有效的管理监督机制和权力制约机制，从而提高企业的治理水平。

（3）管理层特征

作为公司治理机制的重要内容，管理层激励和约束机制的建立是必不可少的一环。为保障企业高级管理人员的目标和股东的目标相一致，防止高管因寻求个人利益而损害股东的权益，激励他们更好地为企业服务，建立相关的激励机制和约束机制是不可缺少的。中小型企业由于公司治理机制不完善，管理层权责不明确，未能有效地建立激励和约束机制，可能导致企业人才不稳定甚至经营困难。多数产业投资基金介入被投资企业后，为激励企业管理层人员去实现公司目标，而给予他们一定的股权或期权。又由于产业投资基金最终目标是在退出被投资企业后获得相应的高额投资收益，因此，在退出之前，被投资企业经营良好，表现出巨大的增长潜力，企业才会获得更多机构投资者的青睐，产业投资基金退出才会获得高额的回报。因此，有理由相信，产业投资基金进入企业后，会愿意帮助企业建立完善的激励或约束机制，使得企业高级管理人员的目标和产业投资基金的目标保持一致，激励管理层更加关注公司价值的提升，努力为企业服务，进而减少管理层因追求自身利益导致的机会主义行为。而且，当公司的整体价值进一步提升时，产业投资基金持有股份价值越高，高级管理人员获得的股权或期权价值可能也相应越高。此外，为了约束公司高级管理人员的风险偏好导致企业经营风险，产业投资基金将利用自身在企业董事会中的权益和地位，加强对管理层的监督，在对管理层进行选聘时，会加入解聘或更换管理层并回购其获得激励股权，以保障自身的利益。

由此，本书根据上述三大内容，选取 9 个指标对公司治理水平进行综合评价，见表 5-2。

表 5-2　公司治理评价指标体系

指标		指标说明
股权结构	股权集中度（L_hold）	第一大股东持股数量/总股本
	股权制衡（Z_hold）	第二至第十大持股比例/第一大股东持股比例
董事会特征	独立董事比例（Outside）	独立董事人数/董事会人数
	董事会规模（Boardsize）	董事会成员人数
	两职兼任情况（Jian_R）	总经理与董事长是否兼任，是赋值 1，反之，赋值 0
	董事会持股比例（D_hold）	董事会持股数量/总股本
管理层特征	高管持股比例（M_hold）	高级管理人员持股量/总股本
	高管薪酬（M_pay）	高级管理人员前三名的薪酬总额（万元）
	管理层持股比例（G_hold）	管理层持股数量/总股本

5.3.1.2　公司治理指数计算

正如前文所述，对公司治理指数的计算有着丰富的研究成果，如李有根（2003）、施东晖等（2004）、李维安（2004，2006）等采取主观专家打分，对相应指标进行赋值计算得出公司治理指数。而白重恩（2005）、廖理等（2008）、沈玉清等（2009）、朱鸿伟和陈诚（2014）等运用主成分分析方法，以主成分的贡献率为权重计算公司治理指数，衡量公司治理水平。本书将借鉴白重恩（2005）、朱鸿伟和陈诚（2014）的相关研究中所采用的主成分分析方法，考虑上述公司治理指标之间的相关性并进行权重计算，进而构建公司治理指数，以量化公司治理水平。

（1）公司治理评价指标描述性统计

由表5-3可知，第一大股东持股比例均值为0.384、极大值为0.885，表明公司股权高度集中；在股权制衡方面，第二至第十大股东持股比例与第一大股东比例之比的均值仅为0.653、极小值为0.004，表明公司其他股东持股相对较低，对大股东的制约能力有限；董事会规模均值为8.607，人数设置较为合理；独立董事比例均值仅为0.369，略高于上市公司独立董事比例最低要求0.3，表明我国独立董事比例较低；两职合一均值仅为0.08，表明绝大多数公司实现了董事长与总经理职务分离；董事会持股比例均值为0.302；管理层持股比例均值为0.329，略高于董事会持股比例，高管持股比例最低，表明无论是董事会层面还是管理层层面，股权激励仍处于较低水平；高管前三名薪酬总额的均值为123.448万元，总体水平较低。

表5-3　公司治理评价指标描述性统计

	N	极小值	极大值	均值	标准差
股权集中度	923	0.052	0.885	0.384	0.151
股权制衡	923	0.004	5.640	0.653	0.671
董事会规模	923	4	15	8.607	1.627
独立董事比例	923	0.300	0.750	0.369	0.056
两职兼任情况	923	0	1	0.080	0.275
董事会持股比例	923	0	0.891	0.302	0.242
高级管理人员持股比例	923	0	0.837	0.177	0.202

表5-3(续)

	N	极小值	极大值	均值	标准差
高级管理人员前三名薪酬总额/万元	923	0	1 610	123.448	111.609
管理层持股比例	923	0	0.871	0.329	0.254

（2）适应性检验

为检验上述公司治理指标是否符合主成分分析方法的要求，本书将采用 KMO（Kaiser-Meyer-Olkin）检验和 Bartlett 检验（方差齐性检验），分析各指标之间的相关性及独立性。一般说来，KMO 检验值越接近于 1，则表明各指标之间的相关性越强，更适合做因子分析；当 KMO 检验值小于 0.5 时，指标就不应再纳入主成分分析。Bartlett 检验以变量相关系数矩阵为检验点，其原假设认为相关系数矩阵为单位矩阵，若检验的统计结果较大，其概率值远远低于显著性水平，则可以拒绝原假设，即可以进行因子分析，反之则不适合做因子分析。由表 5-4 可知，KMO 度量值为 0.660（大于 0.5），且 Bartlett 的球形度检验值为 6 130.601，显著性统计概率值为 0，拒绝原假设，表明本章研究样本数据适合进行因子分析。

表 5-4　KMO 和 Bartlett 的检验

取样足够的 Kaiser-Meyer-Olkin 度量		0.660
Bartlett 的球形度检验	近似卡方	6 130.601
	df	45
	Sig.	0.000

（3）主成分提取

本书采用 SPSS13.0 数据分析软件进行主成分提取操作，具体结果如表 5-5 所示。从表 5-5 中可以发现，在 9 个指标中，可提取 5 个成分作为衡量公司治理水平的因子指标，且 5 个成分的累计贡献率为 80.744%，已能够综合反映被投资企业的公司治理水平。

表 5-5　方差分解主成分提取结果

成分	初始特征值			提取平方和载入			旋转平方和载入		
	合计	方差/%	累积/%	合计	方差/%	累积/%	合计	方差/%	累积/%
1	2.576	28.622	28.622	2.576	28.622	28.622	2.498	27.756	27.422
2	1.371	15.233	43.855	1.371	15.233	43.855	1.352	15.022	42.778
3	1.209	13.433	57.288	1.209	13.433	57.288	1.239	13.767	56.544
4	1.104	12.267	69.555	1.104	12.267	69.555	1.142	12.689	69.233
5	1.007	11.189	80.744	1.007	11.189	80.744	1.036	11.511	80.744
6	0.831	9.233	89.977						
7	0.614	6.822	96.799						
8	0.273	3.033	99.833						
9	0.015	0.167	100.000						

考虑到各成分指标之间的相关性，为较为全面地提取出各指标之间的内在信息，并尽可能保留更多的指标信息，减少不同主成分的信息损失率，本书运用主成分分析方法估计因子载荷阵，并对其实施 Varimax 转换——方差最大化正交旋转，得出旋转后的因子载荷矩阵，见表 5-6。

表 5-6　旋转后的因子载荷矩阵

	主成分				
	F1	F2	F3	F4	F5
股权集中度	-0.366	-0.214	0.261	-0.053	0.093
股权制衡	0.501	0.258	-0.174	-0.042	-0.115
董事会规模	-0.007	0.152	0.432	-0.176	-0.098
独立董事比例	0.114	0.176	-0.186	0.517	0.287
两职兼任情况	0.036	-0.164	-0.231	0.019	0.085
董事会持股比例	0.304	0.264	0.305	0.214	-0.025
高级管理人员持股比例	0.014	0.594	0.136	0.322	0.497
高级管理人员薪酬	0.073	0.218	0.192	0.218	0.271
管理层持股比例	0.015	0.569	0.275	0.029	0.034

由表 5-6 可知，第一主成分主要反映股权结构中的股权制衡指标信息，有较高的载荷，定义为股权结构特征主成分；第二主成分、第五主成

分分别主要反映管理层持股比例、高管持股比例信息，可定义为管理层特征主成分；第三主成分、第四主成分分别主要反映董事会规模、独立董事比例信息，且有较高的载荷，可定义为董事会特征主成分。由此，取上述 5 个主成分代替原有的 9 个指标，采取客观赋权法，在因子分析的基础上，以方差贡献率为权重，根据每一个主成分的贡献率进行加权平均构建公司治理评价函数即公司治理综合评价指数模型（CG_ Index）。

$$CG\_ Index = 0.344 \times F_1 + 0.186 \times F_2 + 0.171 \times F_3 +$$
$$0.157 \times F_4 + 0.143 \times F_5 \tag{5-1}$$

5.3.2 研究设计

为深入探究产业投资基金对被投资企业公司治理的影响及其内在机理，本部分根据上文提及的公司治理水平量化基础模型及主成分提取因子（股权结构特征、董事会特征、管理层特征等），建立了如图 5-2 所示的逻辑框架。

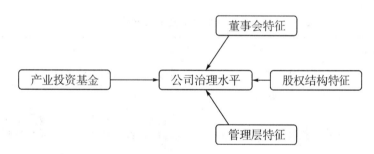

图 5-2 产业投资基金与公司治理实证研究框架

5.3.2.1 变量的定义与分类

根据前文对产业投资基金特征及公司治理特征的描述，结合本章的研究内容，即产业投资基金对被投资企业公司治理的影响，对本章研究的变量进行定义与分类。

（1）自变量的选取与确立

产业投资基金背景特征：虚拟变量，用来测定公司是否存在产业投资基金介入，若企业投资者存在产业投资基金则赋值为 1，若企业投资者不存在产业投资基金则赋值为 0。

产业投资基金持股比例：用来测定产业投资基金在被投资企业中所持股份的比例；若同一被投资企业存在多支产业投资基金进入，则取其最高持股比例。

（2）因变量的选取与确立

本部分研究的内容是探讨产业投资基金对企业公司治理的影响这一主题，被解释变量主要为公司治理水平。上文通过公司治理综合评价模型对公司治理水平进行了量化操作，此处不再赘述。

（3）控制变量的选取

借鉴相关研究文献，本书主要选取以下变量来控制可能对企业公司治理水平的影响，即企业成立时间、上市前一年销售收入、企业规模、资产负债率、行业、年份变量。对于控制变量的选择，本书参考了 Gompers（2003）、施东晖等（2004）、白重恩等（2005）、李维安（2004，2006）、辛清泉（2009）、Hochberg（2012）等学者的研究成果。上述各变量的定义与说明见表 5-7。

表 5-7　变量的定义与分类

因变量	指标	定义
	公司治理指数	通过主成分分析方法量化
自变量	指标	定义
	产业投资基金背景特征	若企业投资者中存在产业投资基金则赋值为 1，若不存在产业投资基金则赋值为 0
	产业投资基金持股比例	产业投资基金在企业中所持股份的比例；若同一被投资企业存在多支产业投资基金进入，则取其最高持股比例
	其他类投资基金持股比例	其他类投资基金持有企业股份比例之和
控制变量	指标	定义

表5-7(续)

因变量	指标	定义
	企业规模	公司上市当年年末总资产的自然对数
	资产负债率	公司上市当年年末总负债/当年年末总资产
	企业成立年限	注册成立到上市当年的存续期
	企业营业收入	上市前一年主营业务利润率
	行业	公司所处行业为竞争性行业则赋值为1,为行政性垄断行业则赋值为0。(辛清泉、谭伟强,2009)
	年度	上市年份

5.3.2.2 证模型设计

为深入地探究产业投资基金对企业公司治理的影响,在相关经验研究的基础上,本书建立如下研究模型,以检验产业投资基金对被投资企业公司治理水平的影响:

$$CG\_Index = \alpha_1 + \beta_1 \times IIF + \beta_2 \times Size + \beta_3 \times Lev + \beta_4 \times Time + \beta_5 \times Sales + \beta_6 \times Lev + \beta_7 \times Industry + \beta_8 \times Year + \varepsilon_1 \tag{5-2}$$

为检验假设产业投资基金持股比例对被投资企业公司治理水平的影响,本书建立如下模型:

$$CG\_Index = \alpha_1 + \beta_1 \times IIFh + \beta_2 \times Size + \beta_3 \times Lev + \beta_4 \times Time + \beta_5 \times Sales + \beta_6 \times Lev + \beta_7 \times Industry + \beta_8 \times Year + \varepsilon_1 \tag{5-3}$$

为了更深入地探究产业投资基金对公司治理的效力,检验产业投资基金相较于其他类投资基金对公司治理的影响效力,加入其他类投资基金持股比例之和,本书建立如下模型:

$$CG\_Index = \alpha_1 + \beta_1 \times IIFh + \beta_2 \times VPh + \beta_3 \times Size + \beta_4 \times Lev + \beta_5 \times Time + \beta_6 \times Sales + \beta_7 \times Lev + \beta_8 \times Industry + \beta_9 \times Year + \varepsilon_1 \tag{5-4}$$

为保证实证分析的稳健性及准确性,模型(5-2)采用全样本数据、模型（5-3）采用产业投资基金的企业样本数据、模型（5-4）采用产业投资基金与其他类投资基金共同介入的样本数据。

5.3.3 实证研究与结果分析

5.3.3.1 描述性统计分析

从表5-8可以看出，产业投资基金介入的企业，其公司治理指数均值为0.241，高于没有产业投资基金介入的企业，初步表明产业投资基金介入能提高公司治理水平；在同时存在产业投资基金与其他类投资基金的公司中，其公司治理指数均值为0.216，略低于产业投资基金介入的企业公司治理水平、略高于没有产业投资基金介入的企业；产业投资基金介入的企业，产业投资基金持股比例平均值达到5.939%，说明我国产业投资基金主要以参股的方式进入被投资企业中，这表明产业投资基金进入企业，并非以控制企业为目标。在同时存在产业投资基金与其他类投资基金的公司中，其他类投资基金持股比例之和的均值为14.2%。这一比例相对来说仍较低，说明与产业投资基金类似，其他类投资基金也多以参股形式介入被投资企业。此外，在企业规模、企业营业收入均值上，产业投资基金介入的企业高于没有产业投资基金的企业，初步表明产业投资基金能促进企业发展、增加企业营业收入。但描述性统计仅仅是初步分析，产业投资基金对公司治理的影响仍需要进一步实证分析。

表5-8　描述性统计分析

无产业投资基金参与样本	N	极小值	极大值	均值	标准差
公司治理指数	759	-1.136	5.327	0.187	0.475
企业规模	759	8.281	23.576	9.542	0.547
资产负债率	759	0.010	0.763	0.201	0.140
企业成立年限	759	3.000	19.000	9.230	3.560
企业营业收入	759	-0.153	0.907 1	0.211	0.143
行业	759	0.000	1.000	0.470	0.136
年度	759	1.000	19.000	7.478	3.845

表 5-8（续）

存在产业投资基金的样本	N	极小值	极大值	均值	标准差
公司治理指数	164	-1.112	4.872	0.241	0.526
产业投资持股比例	164	0.012	32.940	5.939	5.404
企业规模	164	7.354	29.837	10.652	0.647
资产负债率	164	0.051	0.702	0.195	0.137
企业成立年限	164	3.000	21.000	7.583	3.752
企业营收	164	-0.163	0.871	0.309	0.148
行业	164	0.000	1.000	0.53	0.145
年度	164	1.000	19.000	8.357	4.012
同时存在产业投资基金与其他类投资基金的样本	N	极小值	极大值	均值	标准差
公司治理指数	103	-1.245	5.143	0.216	0.486
产业投资持股比例	103	0.010	22.431	4.876	5.213
其他类投资基金持股比例之和	103	0.927	0.593	0.142	0.105
企业规模	103	8.135	25.698	11.546	0.652
资产负债率	103	0.011	0.806	0.221	0.149
企业成立年限	103	3.000	22.000	9.570	3.892
企业营业收入	103	-0.147	0.973	0.246	0.158
行业	103	0.000	1.000	0.521	0.151
年度	103	1.000	17.000	7.581	3.604

5.3.3.2 产业投资基金对被投资企业公司治理影响的实证检验分析

从表 5-9 可以看出，产业投资基金背景系数为正，且在 5% 的显著性水平上显著，说明作为积极的监督者，产业投资基金介入被投资企业有利于提升公司治理水平，这一结论符合假设 1 的预期。产业投资基金介入被投资企业，从公司整体价值和股东利益出发，对企业公司治理施加影响，积极帮助企业完善公司治理结构及治理机制，加大对企业监督和约束力度，提高被投资企业的管理水平，建立完善的激励机制，对高级管理人员实施激励，挖掘其工作潜力，减少高级管理人员机会主义行为，提升公司内部治理效率，从而提高公司治理水平。

表 5-9 产业投资基金对公司治理影响的实证检验结果

变量	公司治理	公司治理	公司治理
产业投资基金背景	0.317** (2.238)		
产业投资基金持股比例		0.438*** (2.942)	0.322** (2.311)
其他类投资基金持股比例			0.588* (1.692)
企业规模	2.184* (1.836)	1.932* (1.642)	1.824* (1.919)
资产负债率	0.510 (0.114)	2.151 (0.576)	2.484 (0.602)
企业成立年限	0.031 (0.879)	0.226 (1.276)	0.261 (1.248)
企业营业收入	0.047* (0.137)	0.083* (1.662)	0.064* (1.818)
行业	控制	控制	控制
年度	控制	控制	控制
常量	2.932*** (7.016)	0.893*** (6.443)	0.428*** (7.097)
Adjusted R square	0.099	0.153	0.126
F	4.295	7.124	6.058
Sig. F	0.001	0.000	0.002
样本 N	923	164	103

注：括号里数字为 t 值。*、**、*** 分别代表 10%、5%、1%的显著性水平。

从表 5-9 还可以看出，产业投资基金持股比例与公司治理呈正相关，且在 1%的显著性水平上显著。这表明，随着产业投资基金持股比例的提升，被投资企业公司治理水平越高，越符合假设 1a 的预期。可以理解为，产业投资基金通过参股或相对控股的方式介入被投资企业，这是产业投资基金进行投资的重要特征。产业投资基金介入被投资企业后，持有被投资企业的股份，获得相应的权益凭证和资本收益保障。产业投资基金持股比例越高，介入后需要承担的责任则更多，其持股对被投资企业公司治理水平有着积极的作用，帮助企业完善治理机制，有利于提高被投资企业的治理水平。

此外，从表5-8中还可以发现，其他类投资基金持股比例与被投资企业公司治理水平呈显著正相关关系，表明其他类投资基金持股对被投资企业公司治理水平也存在着积极影响。其他类投资基金的显著性水平低于产业投资基金持股比例，表明产业投资基金相较于其他投资基金对企业公司治理水平的影响效力更强，这与朱鸿伟、陈诚（2014）的研究结果一致。这一结果可以理解为，以政府或国有单位为主要发起人的产业投资基金，在运作经验和资本规模上都有极大优势（朱鸿伟、陈诚，2014），不仅能够利用其政府关系网络帮助被投资企业缓解现金短缺（如帮助被投资企业从国有银行获得更多的短期债务融资），还能以自身专业技能和知识提升企业管理能力，对被投资企业的影响必然更大，这也是其他类投资基金所缺乏的（吴超鹏、吴世龙，2012）。

从以上产业投资基金对被投资企业公司治理影响的回归结果可以看出，产业投资基金在进入被投资企业后，对公司内部治理效率产生了重要影响，其能够积极参与公司治理机制建设，完善公司治理结构，提高被投资企业治理水平。

5.4　产业投资基金对企业经营绩效的影响分析

5.4.1　研究设计

总体而言，学术界对产业投资基金在投资后对被投资企业管理的研究主要分为产业投资基金如何影响企业的价值，如何加强对企业的监督管理，如何降低企业的盈余管理水平等。例如，钱萍（2007）发现，拥有产业投资背景的企业IPO泡沫可能远远小于没有产业投资背景的公司。李尧等（2013）发现，若产业投资资金持股比例上升，则企业出现IPO泡沫的可能性也会增大。这些研究需要改进的内容包括以下三个方面：一是数据的完整性较好。由于公司IPO前三年的信息披露和IPO后一年锁定期的要求，在一定程度上保证了上市公司数据来源。二是现阶段所披露的公司治理方面数据较少，所以要判断产业投资基金对企业管理绩效方面的影响还是有限。三是不同产业投资基金对企业管理、经营的业绩影响判断过程之中，需要重点考虑各个产业投资基金的声誉度。然而，关于声誉度的判断与评价没有统一的标准，从而研究过程中不能够更为全面、准确的判断。

查阅相关文献可知，企业绩效水平存在多种测度指标。为深入研究产业投资基金对企业绩效的影响，本书借鉴相关研究成果（史晓明，2010；张学勇和廖理，2011；王红娟，2012；彭科，2013）对企业绩效进行细分，并从以下三个方面进行深入探讨：一是企业的盈利能力。产业投资基金介入被投资企业，积极推动企业发展，并为企业发展提供资金，在企业成熟后退出，这就要求被投资企业给予产业投资基金一定的投资回报。企业盈利能力正是衡量其绩效水平的重要指标之一，同时也是获得投资回报的重要保证。二是企业的运营能力。企业发展离不开运营能力的支撑，运营能力越强，则其绩效水平越高（于波，2011）。产业投资基金能够帮助增强企业的运营能力和企业市场竞争力，推动企业持续发展。三是企业的发展能力。企业绩效水平的衡量离不开对其发展能力的评价，拥有良好的发展前景或潜力，在未来的市场发展中将获得更高的盈利水平（阮素梅等，2013）。产业投资基金在介入企业后会关注企业多个方面的绩效水平，继而做出投资决策。

通过上文对国内外相关文献的总结和梳理，加深了我们对产业投资基金与被投资企业绩效关系的认识。为进一步研究这一问题，本部分提出了实证框架，见图5-4。

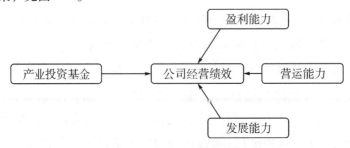

图5-4　产业投资基金与公司绩效实证研究框架

5.4.1.1　变量的定义与分类

根据前文对相关变量的测度，结合关于产业投资基金对企业公司绩效的影响这一研究主题，现对本部分研究的变量进行定义与分类。

（1）自变量的选取与确立

产业投资基金背景特征：体现企业是否存在产业投资基金介入情况，若存在产业投资基金介入则赋值为1，若不存在产业投资基金介入则赋值为0。

产业投资基金持股比例：用来测定产业投资基金在被投资企业中的持股比例。

（2）因变量的选取与确立

根据前文分析，本书从三个方面对企业绩效评价进行评价，即企业盈利能力、企业发展能力和企业经营能力。具体指标选择如下。

企业盈利能力。企业盈利能力是企业获得利润的关键。产业投资基金作为一种政策性投融资工具，虽以产业政策为投资原则、产业发展为主要目标，但在产业投资基金选择企业进行投资时，对企业的盈利能力也较为关注。因此，在进入企业后，产业投资基金作为专业的投资机构会给企业盈利能力提升带来何种影响，本章将做深入研究。据此，本章将主要采用净资产收益率和总资产收益率作为企业盈利能力的主要测度指标。

企业发展能力。产业投资基金在选择投资项目时，为实现推动产业发展壮大、促进我国产业结构调整升级的目标，将重点关注产业中起带动作用的企业（项目）。因此，产业投资基金在选择项目时，将深入研究企业在未来的发展潜力，以便在产业投资基金进入后，企业能带动产业发展，从而实现国家相关产业政策发展。为探究产业投资基金对企业发展能力的影响，本章将采用可持续增长率作为企业未来发展能力的主要测度指标。

企业经营能力。良好的企业经营能力是企业获得高利润水平的重要保障，是企业发展壮大的重要前提。随着市场环境变化加快、行业竞争加剧，持续提升企业经营能力，使其获得竞争优势，是企业生存发展的重点工作。产业投资基金作为专业性较强的金融工具，对企业经营能力的提升有着何种影响？查阅相关研究文献，本章选取企业总资产周转率作为企业经营能力的主要测定指标。

（3）控制变量

为保证研究的稳健性，结合相关研究经验（辛清泉，2009；吴兆春等，2010；张学勇 等，2011；王红娟，2012；冒乔玲等，2013；阮素梅，2013），本书将选取被投资企业的成立时间、上市前一年销售收入、企业规模、资产负债率、行业、年份变量作为控制变量。具体变量的定义分类见表5-10。

表5-10　变量的定义与分类

因变量	指标	定义
公司绩效	企业盈利能力	净资产收益率=税后利润/平均股东权益×100% 总资产收益率=净利润÷平均资产总额[（年初资产总额+年末资产总额）/2]×100%
	企业发展能力	可持续增长率=净资产收益率×收益留存率/（1-净资产收益率×收益留存率）
	企业经营能力	总资产周转率=营业收入/资产总额期末余额
自变量	指标	定义
产业投资基金特征	产业投资基金背景特征	若存在产业投资基金介入则赋值为1，若不存在产业投资基金介入则赋值为0
	产业投资基金持股比例	产业投资基金在被投资企业中所持有股份的比例。若在一家被投资企业中，可能存在多支产业投资基金进入，则取其最高的持股比例

表 5-10（续）

控制变量	指标	定义
	企业规模	公司上市当年年末总资产的自然对数
	资产负债率	公司上市当年年末总负债/当年年末总资产
	企业成立年限	注册成立到上市当年的存续期
	企业营业收入	上市前一年主营业务利润率
	行业	公司所处行业为竞争性行业则赋值为1，为行政性垄断行业则赋值为0
	年度	上市年份

5.4.1.2 实证模型设计

本书从企业盈利能力、发展能力和经营能力三个维度来测度被投资企业绩效水平，并选择企业成立时间、上市前一年销售收入、企业规模、资产负债率、行业、年份变量作为控制变量，建立以下研究模型：

$$PEF = \alpha_1 + \beta_1 \times IIF + \beta_2 \times Size + \beta_3 \times Lev + \beta_4 \times Time + \beta_5 \times Sales + \beta_6 \times Lev + \beta_7 \times Industry + \beta_8 \times Year + \varepsilon_1 \qquad (5-5)$$

$$PEF = \alpha_1 + \beta_1 \times IIFh + \beta_2 \times Size + \beta_3 \times Lev + \beta_4 \times Time + \beta_5 \times Sales + \beta_6 \times Lev + \beta_7 \times Industry + \beta_8 \times Year + \varepsilon_1 \qquad (5-6)$$

式中的公司绩效 PEF 为被解释变量，其测度指标分别为 ROE、ROA、SGR 和 TAT。模型（5-5）采用全样本数据；模型（5-6）采用产业投资基金存在的公司数据。

5.4.2 实证研究与结果分析

5.4.2.1 描述性统计分析

从表 5-11 可以看出，公司绩效有三个细分指标，即企业盈利能力、企业发展能力和企业经营能力。在拥有产业投资基金背景的企业中，它们的平均值均高于没有产业投资基金进入的企业，表明产业投资基金能在一定程度上对被投资企业盈利能力、发展能力和经营能力产生影响，从而影响公司绩效水平。在企业发展能力和企业经营能力栏中，拥有产业投资基金背景的企业，其极大值显著高于没有产业投资基金进入的企业，说明产业投资基金在选定企业项目时十分注重企业的发展前景和经营管理能力。描述性统计仅仅是对各指标做初步的分析与判断。为进一步探究产业投资基金对被投资企业绩效的影响，下文将对计量模型做回归分析，以便得到更加稳定的结果。

表 5-11　产业投资基金对被投资企业绩效影响的描述性统计分析

		拥有产业投资基金背景	极小值	极大值	均值	标准差
企业盈利能力	总资产收益率	1	0.000 63	0.393 59	0.061 87	0.059 67
		0	-0.026 92	0.242 29	0.060 79	0.048 34
	净资产收益率	1	0.001 00	0.506 60	0.096 15	0.099 48
		0	-0.044 40	0.363 00	0.091 87	0.082 94
企业发展能力	可持续增长率	1	-0.025 52	0.788 84	0.087 18	0.113 73
		0	-0.051 92	0.445 05	0.082 67	0.088 94
企业经营能力	总资产周转率	1	0.000 64	3.127 85	0.457 48	0.427 17
		0	0.000 00	1.623 56	0.414 78	0.301 60

注：1 表示存在产业投资基金介入，0 表示没有产业投资基金介入。

5.4.2.2　产业投资基金对公司绩效影响的实证分析

从表 5-12 可以看出，拥有产业投资基金背景与产业投资基金持股比例均对被投资企业盈利能力有显著影响，且呈正向关系。产业投资基金背景对净资产收益率的影响，在 5% 的水平上显著为正。这说明，产业投资基金参与的企业有着更好的业绩水平，符合假设 1a 和假设 1b 的预期，即产业投资基金的参与有助于提高被投资企业的业绩水平。同时，从表 5-12 中也可以发现，产业投资基金在被投资企业中的持股比例对企业总资产收益率呈正向影响，且在 10% 的水平上显著。这说明，产业投资基金在被投资企业持股比例的提升对企业盈利能力有明显提升作用，这与假设 2 预期一致。产业投资基金对企业绩效水平有着积极的影响，产业投资基金在被投资企业中的持股比例越高，越有利于提升企业的盈利能力。产业投资基金在进入被投资企业后以其专业性、政策性、资本性，为企业的盈利带来外来动力，进一步促进企业盈利能力逐步提升。作为专业的战略投资机构，产业投资基金在国家产业政策支持的大背景下，推动企业发展，带动产业发展，实现我国产业结构的转换与升级。

表 5-12　产业投资基金对公司绩效的影响实证结果

解释变量	净资产收益率		总资产收益率		可持续增长率		总资产周转率	
产业投资基金	0.003 ** （2.513）		0.001 * （1.811）		0.005 * （1.683）		0.043 * （1.646）	
基金持股		0.003 * （1.926）		0.022 *** （2.832）		0.001 ** （2.382）		0.003 ** （2.435）
企业规模	1.175 * （1.637）	1.612 * （1.743）	1.289 * （1.798）	1.764 * （1.801）	1.076 * （1.945）	1.161 * （1.827）	0.076 * （1.964）	0.062 ** （2.165）
资产负债率	−0.506 （−0.125）	−1.141 （−1.086）	−0.917 （−0.579）	−1.02 * （−1.632）	−0.362 （−1.428）	−0.481 * （−1.958）	−0.627 （−1.556）	−0.021 （−1.617）
成立年限	0.534 （0.772）	0.438 （1.259）	0.656 （0.827）	0.647 （1.013）	0.717 （0.934）	0.626 （1.009）	0.859 （0.915）	0.753 （1.003）
企业营业收入	0.147 * （1.697）	0.162 * （1.752）	0.139 * （1.705）	0.184 ** （2.126）	0.147 （1.542）	0.274 * （1.893）	0.231 * （1.716）	0.247 * （2.006）
行业	控制	控制	控制	控制	控制	控制	控制	控制
年度	控制	控制	控制	控制	控制	控制	控制	控制
常数项	0.115 *** （4.526）	0.124 *** （4.104）	0.065 *** （3.224）	0.045 *** （3.685）	0.098 *** （4.941）	0.106 *** （3.277）	0.426 *** （5.793）	0.554 *** （5.075）
Adjusted R square	0.138	0.120	0.103	0.142	0.118	0.143	0.126	0.131
F	8.039	9.437	7.458	8.231	7.547	9.238	9.767	10.056
Sig. F	0.000	0.001	0.000	0.003	0.000	0.001	0.001	0.001
样本 N	923	164	923	164	923	164	923	164

注：括号里数字为 t 值。* 、** 、*** 分别代表 10%、5%、1% 的显著性水平。

产业投资基金作为一种政策性金融工具，在项目选择时，与一般股权投资基金有着相同的关注点。产业投资基金会着重关注企业未来的发展潜力。同时，产业投资基金参与到企业的经营与管理中去，对企业的发展能力也有着重要的作用。从表 5-12 可以看出，作为衡量企业绩效水平——企业发展能力的关键量化指标，即企业可持续增长率受到了产业投资基金影响，且呈正向关系，回归系数为 0.005，在 10% 的显著水平上显著。可见，产业投资基金介入的企业，企业的发展能力有所提升。产业投资基金能够在一定程度上监督和服务被投资企业，使其形成核心竞争力，推动其后期发展，这与本章假设 1a 和假设 1b 预期相一致，假设成立。与此同时，我们也可以发现，在产业投资基金介入的企业中，随着其持股比例的提升，企业可持续增长率也随之显著提升，这一正向关系在 5% 的水平上显著，进一步说明产业投资基金持股的提升，有利于强化产业投资基金在企业中的话语权，以保障其监督效力，从而促使产业投资基金以企业价值最大化目标为前提，极力提高企业的经营水平，从而带动产业发展。这与假设 2 的预期相一致。即产业投资基金对企业绩效水平有着积极的影响，其在被投资企业中的持股比例越高，越有助于被投资企业发展能力的提升。

从表 5-12 还可以看出，拥有产业投资基金背景与企业总资产周转率呈正相关关系，且在 10% 的显著性水平上显著。与此同时，产业投资基金持股比例对总资产周转率在 5% 的显著性水平下呈正向关系，说明在产业投资基金介入的企业中，随着基金持股比例的提升，其对企业经营能力的促进作用随之提升，这与假设 2 预期相一致，假设成立。在产业投资基金介入被投资企业后，作为一种创新的政策性股权投资基金，对企业的经营管理十分关注。其利用自身的专业能力和诸多社会资源优势，为企业提供较多的增值服务，完善企业经营管理机制和管理流程，拓宽企业营销渠道，同时引入有利于企业发展的专业管理型人才，从而提升企业的营运效率。

由以上产业投资基金对企业绩效的实证回归结果可知，产业投资基金在进入被投资企业后对公司绩效产生了重要影响。但产业投资基金通过什么样的渠道影响到公司的经营业绩？产业投资基金是否在一定程度上通过提高被投资企业公司治理水平，间接影响企业的绩效水平？本书将在下一节做深入研究。

5.5　产业投资基金影响公司绩效的传导机制分析

5.5.1　研究设计

中介效应也称间接效应，以中介变量为载体呈现。中介变量是解释变量对被解释变量产生影响的内在因素，也就是说解释变量作用于被解释变量受中介变量的影响而产生效力（温忠麟，2004）。根据相关研究中介效应检验程序及方法，借鉴前人中介效应研究模型（温忠麟、叶宝娟，2014）。本节为检验公司治理水平是否在产业投资基金对公司绩效水平影响过程中产生的中介效应，建立如图5-5所示的实证框架。通过实证分析公司治埋水平对产业投资基金与公司绩效之间的关系的解释效力，即公司治理水平能对产业投资基金与公司绩效之间关系做出解释，则可以得出公司治理水平在产业投资基金对企业公司绩效作用的过程中起着中介效应，公司治理水平就是产业投资基金与企业公司绩效之间的中介变量。公司治理的中介路径见图5-5。

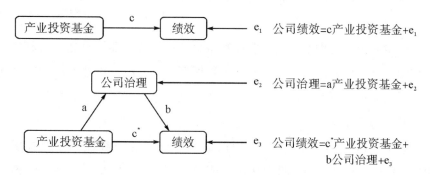

图5-5　公司治理的中介路径

本书分三个步骤检验公司治理水平是否在产业投资基金对公司绩效水平影响过程中产生的中介效应。第一步，验证产业投资基金对公司绩效的影响。如果产业投资基金与公司绩效水平不存在显著性关联，则检测过程停止。这一过程已经在前文的分析中得到验证，产业投资基金对公司绩效能产生积极的影响，提高企业经营绩效水平，且系数 c 显著，因此可以执行下一步操作检验。第二步，分析产业投资基金对被投资企业治理水平的影响，这一步在前文产业投资基金对公司治理水平的影响分析中得到了检验，产业投资基金与公司治理呈显著正相关关系，产业投资基金对被投资企业公司治理有着积极的作用，因此可以进行下一步检验操作。第三步，建立以公司绩效、产业投资基金特征与公司治理特征三者关联的计量模型，看 c*、b 两个系数是否显著，当系数 c*、b 显著且 c*<c，则说明公司治理水平在产业投资基金对企业公司绩效作用的过程中起着中介效应，

其可以作为产业投资基金与企业公司绩效之间的中介变量。

通过以上检验路径的分析，结合前文对公司治理水平的量化，以及对产业投资基金、公司治理和公司绩效关系的分析，为检验公司治理的中介作用，现为第三步检验建立如下回归模型：

$$PEF = \alpha_1 + \beta_1 \times IIF + \beta_2 \times CG\_ Index + \beta_3 \times Size + \beta_4 \times Lev +$$
$$\beta_5 \times Time + \beta_6 \times Sales + \beta_7 \times Lev + \beta_8 \times Industry +$$
$$\beta_9 \times Year + \varepsilon_1 \tag{5-7}$$

$$PEF = \alpha_1 + \beta_1 \times IIFh + \beta_2 \times CG\_ Index + \beta_3 \times Size + \beta_4 \times$$
$$Lev + \beta_5 \times Time + \beta_6 \times Sales + \beta_7 \times Lev + \beta_8 \times Industry +$$
$$\beta_9 \times Year + \varepsilon_1 \tag{5-8}$$

为检验公司治理水平在产业投资基金与被投资企业绩效之间所起的中介作用，上述模型是在模型（5-5）和模型（5-6）的基础上加入了公司治理指数变量，模型中的变量 IIF 是产业投资基金背景变量、IIFh 是产业投资基金持股比例变量、变量 CG_ Index 为公司治理指数变量；在模型中，公司绩效 PEF 为被解释变量，为保证实证分析的稳健性，分别采用了ROE、ROA、SGR、TAT 四个变量。模型（5-7）采用全样本数据，模型（5-8）采用拥有产业投资基金背景的公司样本数据。

5.5.2　实证分析与检验结果

从表5-13可以看出，产业投资基金背景与产业投资基金持股比例和企业盈利能力、发展能力、经营能力呈正相关关系，并通过了显著性检验。此外，将表5-13中的结果与表5-12中的影响回归分析结果相比，可以看到无论企业盈利能力、发展能力、经营能力的对应变量，其系数都存在不同程度的下降。根据检验公司治理水平是否在产业投资基金对公司绩效水平影响过程中产生中介效应的步骤及判断标识，可以认为产业投资基金通过提高被投资企业的公司治理水平来影响公司绩效，进而保障自身资本收益。这一结论符合假设3的预期，即产业投资基金对被投资企业绩效的影响是以公司治理水平为部分中介的，公司治理水平是产业投资基金与公司绩效之间的中介变量，产业投资基金、公司治理水平和公司绩效三者之间存在传导效应关系。

表 5-13 产业投资基金影响公司绩效的传导机制实证分析结果

解释变量	企业盈利能力				企业发展能力		企业经营能力	
	净资产收益率		总资产收益率		可持续增长率		总资产周转率	
产业投资特征	0.002** (2.457)		0.002* (1.651)		0.004* (1.609)		0.038* (1.596)	
产业基金持股		0.002* (1.716)		0.018** (2.358)		0.001* (1.812)		0.002* (1.764)
公司治理	0.035* (1.598)	0.032* (1.973)	0.136* (2.122)	0.139* (2.119)	0.045* (1.986)	0.035* (1.974)	0.054* (2.108)	0.057* (1.986)
企业规模	1.164* (1.712)	1.532* (1.693)	1.279* (1.768)	1.664* (1.802)	1.066* (1.895)	1.159 (1.887)	0.074* (1.964)	0.068** (2.157)
资产负债率	-0.510 (-1.124)	-1.131 (-1.087)	-0.916* (-1.519)	-1.031* (-1.532)	-0.561 (-1.629)	-1.521* (-1.688)	-0.637 (-1.341)	-1.121 (-1.526)
成立年限	0.425 (0.792)	0.736 (1.319)	0.621 (0.927)	0.742 (1.213)	0.798 (0.878)	0.826 (1.016)	0.897 (0.954)	0.673 (1.013)
企业营业收入	0.136* (1.692)	0.169* (1.872)	0.159* (1.605)	0.164** (2.103)	0.176 (1.603)	0.155* (1.982)	0.298* (1.821)	0.345* (2.011)

表5-13（续）

解释变量	企业盈利能力				企业发展能力		企业经营能力	
	净资产收益率		总资产收益率		可持续增长率		总资产周转率	
行业	控制	控制	控制	控制	控制	控制	控制	控制
年度	控制	控制	控制	控制	控制	控制	控制	控制
常数项	0.145*** (5.5217)	0.151*** (6.168)	0.159*** (6.024)	0.148*** (7.785)	0.181*** (7.101)	0.187*** (7.835)	0.826*** (7.908)	0.694*** (5.425)
Adjusted R square	0.141	0.126	0.114	0.1536	0.131	0.128	0.119	0.108
F	8.239	6.757	7.643	7.354	7.638	6.396	9.761	9.827
Sig. F	0.000	0.001	0.000	0.003	0.000	0.001	0.001	0.001
样本 N	923	164	923	164	923	164	923	164

注：括号里数字为 t 值。*、**、***分别代表10%、5%、1%的显著性水平。

5.6 产业投资基金完善被投资企业公司治理的案例佐证

2014 年 12 月，经贵州省发展和改革委员会批复，贵州水业产业投资基金管理有限公司联合贵州水投水务有限责任公司发起成立了贵州水业产业投资基金。该基金的投资领域主要为城镇水务一体化与污水处理项目。该基金已完成对贵州水务股份有限公司 3.9 亿元、占股为 39% 的股权投资。在投资完成后，作为基金投资对象的贵州水务股份有限公司由国有企业控股 51%，保证了国有企业的主导地位和国计民生项目的安全，而在治理结构的权利设置上，却充分体现了社会资本的主动性和活力（共设 7 名董事，社会资本出资人派出 4 人，产业投资基金派出 3 人）。与此同时，贵州水业产业投资基金向贵州水务股份有限公司派出总经理、投资总监等主要管理人员。这种治理结构上的创新极大地吸引了社会资本的积极参与。除了在资本结构和治理结构的大胆创新外，还对管理结构和市场结构进行设计，充分保证了企业化管理、市场化运作和产业化发展的实现。

在贵州水业产业投资基金的帮助下，贵州水务股份有限公司先后完成了与正安县、赤水市、瓮安县、岑巩县、大龙经济开发区、福泉市、松桃县等县（市、区）的合作，在组建的第一年就实现了盈利。贵州水业产业投资基金通过贵州水务股份有限公司投资的正安县自来水公司，并帮助其提高技术水平（派出专业技术人员当董事）和管理优化（派出董事长）。同时，对项目各项费用采取了管控措施，就使得该公司的利润从 2014 年以前的 200 万元左右上升到 2015 年的 700 余万元，实现了飞跃式的增长。

由此可见，产业投资基金在投资后，并不仅仅解决企业融资问题，还会对企业的外部产业环境做全面了解，积极参与公司内部治理，完善企业治理结构与机制。通过公司治理水平的提高促进企业盈利能力、经营能力和发展能力的提升，为企业的后期发展壮大奠定基础。

此外，本书还发现相较于其他类投资基金，产业投资基金对被投资企业的公司治理有更强的影响效力。以国有单位为主要发起人的产业投资基金，在运作经验和资金规模上都有极大优势。其不仅能够利用政府关系网络帮助被投资企业缓解现金短缺，还能以自身专业技能与知识帮助提升被投资企业管理能力，这必然对被投资企业产生更大影响，这也是其他投资基金所不能完全做到的。由此，产业投资基金对企业发展有着积极的意义，其以企业发展带动产业发展，以产业发展实现产业结构调整升级。

随着国内产业升级和经济结构优化，产业投资基金在拓宽直接融资渠道方面得到了各界广泛关注。作为一种新型投融资工具，其不断发展和壮大，逐渐成为国家经济发展战略的重要工具。当前，我国政府正在规范产业投资基金市场机制，完善市场竞争制度，支持战略性新型产业和高新技术产业发展壮大，以期为我国经济培育更多的新增长点。这为我国产业投资基金发展创造了良好的政策环境和巨大的发展空间。

6 我国产业投资基金发展的政策建议

随着我国资本市场日益活跃，产业投资基金体量及影响力均呈直线上升趋势，已成为我国支持实体经济的重要投融资模式。产业投资基金的健康发展，有力地提升了社会资本配置效率，很好地满足了政府引导资金投向、促进产业结构调整目标。但在未来，我国产业投资基金应该如何进行战略定位？如何更好地平衡政府和市场之间的关系？被投资企业应该如何有效运用产业投资基金的资本输出和增值服务，实现自身提质增效？这些问题的回答对产业投资基金下一步发展至为关键，本章将重点探讨这些问题。

6.1 产业投资基金的发展对策

在我国产业结构调整升级的大背景下，各产业之间的链接也变得更加不均衡。这主要表现为以下五个方面：一是在我国经济发展中，劳动力密集型产业仍处于主导地位，而资金密集型与技术密集型产业相对较低，这种不均衡的产业结构使我国的经济基础显得相当薄弱。二是从产业协调角度来讲，我国基础产业发展相对薄弱，这在很大程度上约束了我国经济的发展。政府为了突破这个瓶颈，从多个方面进行了政策引导，并不断扩大对基础产业的投入规模。不过，由于基础产业投资量大、周期长的特点，使得该产业的提升进程变得相对缓慢。从对西方的实践经验总结可以看出，以产业资金为链条进行资产融合并实现公共基础设施的证券化，是突破我国产业协调瓶颈的重要手段和方法。三是从产业发展层次上看，我国中西部地区发展较为滞后，第二产业仍占主导地位，并会在较长的一段时间里保持优势地位，致使这些区域的第三产业发展相对缓慢。第三产业的相对缓慢又间接地制约了第二产业的发展，从而使第二、第三产业结构极其不合理。而这种不合理的产业结构也进一步制约了这些地区经济发展的整体进程，因此如何从根本上解决这一不合理现象成为破解经济难题的重要课题。四是从产业技术层次来看，我国高新技术产业在全国布局相对较低，而加工型产业在全国相当普遍。五是从区域产业分布来看，我国地区性产业差距比较明显，高新技术产业过多分布于东部地区，而中西部地区更多地局限于劳动密集型产业和资源密集型产业，从而出现地区间的竞争力极其不均衡状态。

6.1.1 产业投资基金方向定位

随着经济的发展、结构调整的进一步深入，我国整个市场经济也进入了一个转型期，产业投资基金就是在此背景下相应产生的。在产业经济转型期内，我们要进一步发挥市场在整个资源配置过程中起决定性作用的机制，又要不断引导社会公众进行股权投资，在全面深化改革的关键时期，这很容易导致我国整体产业结构出现暂时性的不均衡，而这种不均衡也会进一步制约我国经济的整体增长。政府要采取有效的措施去打破这种不均衡，才能真正地促进产业结构的升级。不过，值得关注的是，我国产业投资基金虽然在市场经济条件下产生，但仍然深受原有计划经济体制的影响，其投融资机制、手段以及工具还相对滞后。目前，在经济转型背景下，又的确给予了各类市场产业化充足的空间。因此，通过引入产业投资基金，既可以进一步借用市场化的东风促进产业快速发展，又可以有效发挥政府与市场"两只手"的作用，解决我国原有产业结构不合理的问题，促进产业结构转换和升级。

由于国外股权投资机构更多是以风险投资基金的形式出现，因此，我国的产业投资基金必须定位准确，不能一味地效仿国外的股权投资机构发展模式，进而走出属于自己的产业投资基金发展道路。这就必然要求，一是产业投资基金必须突出中国特色，将其更好地与我国的政策大环境相结合；二是中国特色的产业投资基金必须与中国产业实际发展情况有效结合；三是中国的产业投资基金投资必须与企业整体战略发展有效结合；四是必须将中国特色的产业投资基金放在整个世界金融发展大环境当中，在国内外对比过程中充分呈现中国特色。只有如此，中国特色的产业投资基金才能真正为国家产业结构调整升级提供必要的金融支持，同时又能使产业投资基金发展符合机构投资者发展的一般规律，为全世界基金行业的发展贡献出属于自己的力量。据此，要做出中国特色的产业投资基金，必须明确我国的产业投资基金投资方向及发展方向。

（1）投资方向定位。产业投资基金是在一定政策条件下应运而生的特色金融产品，其肩负着促进我国产业结构调整升级、深化投融资体制改革与创新的政策目标，这就要求须对产业投资基金的投资方向进行明确定位，以便有效地发挥其作用。当前，我国相当一部分产业的发展仍相对滞后，随着新型城镇化的推进，相关产业发展滞后被进一步放大。无论是高新技术产业还是传统基础设施产业，都需要大量的资金投入，这对产业投资基金的投资方向提出了要求。我们认为，当前产业投资基金的投资方向应根据地域政策及经济特征加以定位，应以产业政策、结构调整内容及方向、地区经济发展特征、产业带动性等内容为依据进行综合评估，同时要保障投资者的合理收益，以做出最佳投资决策。具体而言，本书认为产业投资基金应以基础设施产业为起点重点保障民生工程，以重点装备工程为内容提升国内产业核心技术，以高新技术产业为目标提升创新能力，全面凸显产业投资基金的带动性、发展性及创新性。

（2）发展方向定位。产业投资基金的发展离不开政策支持与政府引导。当前，我国投融资体系的制度设计仍存在较多的问题，如企业融资难的问题迟迟未能有效解决。在转型阶段，如果依据政府主导产业投资基金进行投资，资金量还远远不够。必须积极引导社会资金进入产业投资基金，活跃市场，促进产业快速发展。同时，产业投资基金发展应注重"产业"而非"创业"，以支撑产业发展为目标，立足长远，注重行业特性。此外，产业投资基金本身的发展定位应基于市场化原则，紧扣经济发展规律及产业特征，成为具有特定产业背景的投资基金。

6.1.2　产业投资基金发展的模式选择

产业发展成就经济发展，产业转型和经济转型是促进国家可持续发展的关键力量。产业投资基金作为创新性政策金融工具，在转型阶段将有力促进经济社会转型。因此，当前应对产业投资基金的模式进行创新，丰富产业扶持方式，以金融为杠杆、市场为方向，积极进入产业投资领域。撬动社会力量和民间资金，转变政府直接投入实体经济的传统方式，促进产业结构调整优化，加快产业转型升级。产业投资基金模式既需要发挥政府的引导作用，也需要发挥市场配置资源的决定性作用。

6.1.2.1　"补偿+产业引导基金"模式

为充分发挥财政资金的杠杆作用，可以为促进产业发展设置专项资金。一方面，利用部分专项财政资金成立政府产业投资引导基金，引导社会资金共同成立产业投资基金管理公司。产业投资基金管理公司以市场化操作为原则，政府只负责审定总体投资方案、把握产业投资方向，对产业投资基金管理运营既不参与也不干涉。产业投资基金管理公司对产业中的企业项目进行专业性判别及价值发现，负责对产业投资基金进行运作管理。另一方面，利用部分财政专项资金成立产业投资补偿基金。为提升产业投资基金管理公司的融资能力及管理能力，产业投资补偿基金可以作为信用担保，提升银行贷款额度，保障产业投资基金稳健运营。同时，为防止突发情况导致投资失败，产业投资补偿基金可以作为后备资金对银行贷款进行偿还。

6.1.2.2　"母基金+子基金"模式

从总体上讲，政府在进行产业投资时，仍处于信息获取的弱势地位，政府获得的信息是有限的。社会专业投资机构可以依据其专业能力有效获得相关产业项目信息。因此，产业投资基金应以政府为主要发起人，积极吸引社会闲置资本共同成立产业投资基金母基金，以法人形式成立相应的产业投资基金母基金管理公司。然后，由产业投资基金母基金作为社会引导基金，积极吸引拥有专业能力及投资经验的其他投资基金金融机构或管理团队，签订相关协议共同成立产业投资基金子基金，促进产业投资基快速发展。政府通过吸引社会资金成立产业投资基金母基金，按照产业中企业的资金要求进行有效匹配，委托专业管理机构进行产业投资，母基金根据相关协议对子资金进行阶段性资金匹配。该模式有效地发挥了财政杠杆的作用，有效集聚了社会资本，进一步促进了产业投资基金快速健康发展。

6.1.3　产业投资基金发展的战略原则和措施

产业投资基金以政策投资为原则、产业发展为宗旨，因此协助相关产业规划和政策的落实是产业投资基金发展的重要内容与前提条件。我国产业投资基金的发展有必要充分发挥基金的资本运作功能，结合产业成长特性，促进产业发展。以市场化运作为主要手段、政府引导为主要内容，总体设计产业投资基金的投资政策与方向，才能切实提升产业投资基金的投资质量。

6.1.3.1　战略原则

相较于发达国家股权投资基金市场化发展路径，我国产业投资基金由政府主导投资逐步转变为政府引导投资。这是一个复杂的过程，需注重产业投资基金本身的特性及外部环境的作用。结合我国转型阶段的发展实际，需创新其运作模式，并完善相关管理规范。因此，转型阶段制定产业投资基金发展原则和策略，对有效发挥产业投资基金的作用显得尤为重要。

（1）规范与创新，有节有度地实行市场化原则

产业投资基金作为政策性股权投资工具，在发展过程中必须遵循市场化原则。从国外股权投资基金的发展先进经验看，市场化发展是产业投资基金快速发展的重要路径与方向。当前，我国产业投资基金也逐步由政策主导投资转向于政策引导投资，其仍然处于市场化发展的过程中。转型阶段中，"经济体制改革是转型期的重点，核心问题是处理好政府和市场的关系，使市场在资源配置中起决定性作用和更好发挥政府作用。"① 因此，

---

① 2013 年 11 月 12 日《中共中央关于全面深化改革若干重大问题的决定》中指出：紧紧围绕使市场在资源配置中起决定性作用深化经济体制改革，坚持和完善基本经济制度，加快完善现代市场体系、宏观调控体系、开放型经济体系，加快转变经济发展方式，加快建设创新型国家，推动经济更有效率、更加公平、更可持续发展。

产业投资基金的发展应充分发挥市场配置的基本作用。政府的作用应体现在支持和引导方面，对产业投资基金的运作不应该施加过多的行政干涉，政府还应积极完善和健全相关法律规范，促进产业投资基金市场化发展。同时应坚持规范与创新相结合，发展产业投资基金试点和推广（如产业投资基金青岛模式的推广）①。从产业投资基金的"组织、制度、服务、职能"四方面进行创新，引导产业资本投向，切实发挥产业投资基金的平台功能，推动企业治理结构优化和经营效率提升，实现产业发展。

（2）吸收国际经验，创新发展模式

相较于西方国家政府经营的风险投资机构，我国产业投资基金发展时间较短，缺乏运作经验，投资效率需进一步提升。因此，有必要吸收和学习国外股权投资基金成功经验，促进我国产业投资基金的效率提升。同时，在学习研究过程中，需结合中国发展实际与国情背景，创新具有中国特色的产业投资基金发展模式，以促进其发展。

6.1.3.2 战略措施

（1）有效发挥政府引导功能

产业投资基金虽应按照市场化操作，但也不能忽略政府的引导作用，应该发挥政府与市场两只手的作用。在转型阶段下，产业投资基金要实现快速发展，政府就不应过多参与或干涉基金的具体运营管理，这与过去的投融资体制有所区别。但政府的功能性作用不能完全忽视，在市场化操作时，应充分发挥政府的作用，以促进产业投资基金规范健康发展。比如，在宏观政策方面，政府应建立相关的财政金融政策，支持和引导社会资金参与到产业投资领域，以有效放大财政的杠杆作用；并结合国外先进发展经验，从法制体系、税收政策、市场环境等方面支持和引导产业投资基金发展。具体而言，政府需要做好以下三个方面的工作：

第一，完善法制规范体系。作为政策性金融工具，产业投资基金涉及的利益相关者较多，政府有必要建立较为完善的法规体系，支持和保护各

① 青岛市围绕财富管理金融综合改革试验区推进工作，积极进行金融服务实体经济的各项探索，以政策性母基金撬动多元社会资本，引导产业资本投向，带动创新创业，取得了显著的经济社会效益，其"组织、制度、服务、职能"四个方面创新的运作模式，得到了国家发展改革委充分认可，被定位为"青岛模式"在全国推广。

相关者的利益。在产业投资基金运行各个环节都需要监督和管理，投资者需在相关法律框架下进行投资，产业投资基金管理者需以投资者的利益为出发点，在法律法规的监督下有效运行产业投资基金。基金托管人也需从产业投资基金的根本利益出发，有效地保护和管理基金资产。

第二，科学制定税收政策。为鼓励社会资金参与，政府在税收政策方面应对产业投资基金进行一定的优惠。产业投资基金的投资方向不仅仅符合基金的相关规定，也在国家产业政策的引导下，积极向国家鼓励的产业靠拢。因此，在产业投资基金税率方面应出台相关政策，对其资本收益及红利税进行设定或优惠。

第三，优化投资环境。投资环境是影响产业投资基金发展的重要因素。产业投资基金的良好发展需要配套的制度环境、政策环境及市场环境。政府在支持和引导产业投资基金发展的过程中，应对这些环境进行构造和优化，以有效促进基金快速发展。同时，环境优化是一个复杂的系统工程，没有政府的支撑很难实现，因此，政府的作用和功能不能被忽视。产业投资基金以市场化方式运作肯定是未来的方向，但仍需要政府的服务和支持。

（2）构建多层次的退出渠道

在本书第五章已经提到，产业投资基金能否成功退出，涉及的因素是多方面的，不仅仅与退出策略和方式有关，也与其投资方式和投资周期等环节相关。产业投资基金在退出方式的选择上，影响的因素也是多方面的，需考虑资本增值水平、退出方式的可行性与便捷性、新一轮融资规模、监管层的审批、相关法律规范限制等因素的影响。随着配套机制和优惠政策逐步建立与实施，产业投资基金将迎来快速发展的"春天"。与此同时，面对国内外复杂的经济形势及产业结构转换调整需求，产业投资基金仍然面临诸多困难和挑战，这将对产业投资基金投资运行产生深刻的影响。就产业投资基金退出方式而言，IPO仍是当前主要的退出方式，但目前IPO的存量压力逐渐增大，有必要对IPO发行制度进行改革。IPO发行注册制改革，为产业投资基金退出减小了上市存量压力。场外交易市场机制的逐步完善为产业投资基金退出拓宽了渠道、减小了退出压力，但场外市场发展速度仍较为缓慢，远不能满足退出需要。因此，加大 IPO 发行制度的改革力度，完善场外交易系统配套功能和机制，活跃新三板系统的市场热度，才能有效拓宽产业投资基金退出渠道。

（3）减少区域性差异

当前，我国东部发达地区产业投资基金集中度和市场繁荣度较高，对产业投资基金的发展起到了一定的促进作用。但我国中西部地区产业结构调整及传统产业转型升级的要求更为明显，与之相对应的是这些地区产业投资基金发展却较为缓慢。为实现国家整体产业结构调整升级，减少区域性经济差异，有必要推行相关政策，以促进中西部地区产业投资基金发展。具体而言，一是发挥财政资金杠杆效应。当前，东部地区由于先天的经济优势，产业投资基金的实际运作和规模水平比中西部地区高很多，政府可适当通过财政资金流向引导资本流向，推动中西部地区产业发展，减少产业投资基金区域性差异，从而优化地方经济发展模式，有效带动中西部地区产业发展。二是加大软、硬环境建设力度。产业投资基金发展离不开良好的环境，既需要政策环境的支持也需要法制环境的保护。东部地区由于产业投资基金起步较早，产业投资基金的相关政策和规范已逐步趋于完善；中西部地区产业投资基金发展速度缓慢，资本意识普遍淡薄，需借鉴东部地区的操作经验，通过引导基金、优惠政策措施等内容，优化投资环境，积极吸引社会资本参与中西部建设，促进中西部经济发展。

6.2 企业如何运用产业投资基金

随着产业投资基金相关的配套机制与优惠政策的逐步建立和实施，产业投资基金将日益成为政府单位支持实体经济，引导资金投向，提升社会资本配置效率，促进产业结构调整和升级的重要投融资模式。前文的研究结论表明，产业投资基金通过提高企业治理水平，推动企业发展，带动产业创新与升级。产业投资基金在融资周期、资金结构、资金质量以及增值服务方面相较于其他融资方式有一定的优势，其存在与发展将极大地推动产业发展。由于我国资本市场发展的滞后，企业对融资需求越来越渴望。由此，我国企业更应该抓住产业投资基金这种有效的融资方式，提高自身业务水平，推动企业发展。

6.2.1 拓宽融资渠道

当前，诸多企业融资的主要目标是求生存、谋发展。由于产业投资基金投资的企业多数处于成长初期阶段，资金是制约其发展的重要因素。处于这一阶段的企业对资金的渴求往往较为强烈，但其融资渠道通常有限，从银行体系实现债务融资的可能性较低，上市融资对企业的审核条件又过于严格。产业投资基金在一定程度上缓解了企业的融资压力。此外，自产业投资基金进入企业以后，企业不能不思进取，更不能仅依赖于产业投资基金的单项资本支持，而应积极依托产业投资基金的担保预期及基金公司的关系网络，拓展融资空间和拓宽融资渠道，为企业后期发展以及产业投资基金的退出奠定基础。

6.2.2 积极改善治理结构、提高管理水平

产业投资基金介入企业后不仅仅带来资本支持，由于基金公司的社会关系网比较广泛，加之其丰富的知识背景和专业能力能帮助企业完善治理结构以及提高企业管理水平。正如前文研究结论表明产业投资基金对被投资企业的公司治理水平有着积极的促进作用，对企业的经营绩效有着明显的正相关关系。在产业投资基金介入后，企业应积极与产业投资基金的管理团队互动，吸收与接纳先进的管理经验和技能，有效地完善公司治理结构和建立相关治理机制，提高公司管理人员的管理水平，推动企业发展。

6.2.3 提高知名度和影响力

产业投资基金的项目资金体量较大，有较大的市场影响力，且着重企业中长期发展，对资金使用的安全性和稳定性要求较高，非着眼于短期逐利的风险投资基金或私募股权投资基金所能承受。基于这种特殊性，产业投资基金通常由专业化团队来运营、专业化机构来管理。因此，产业投资

基金进入企业会为企业带来一定的行业知名度和影响力。媒体和本行业协会提升企业曝光率，将提高企业的知名度。企业作为被投资方，可积极运用由此带来的知名度和影响力在自身能力与不违背产业投资基金原则的基础上，积极开展外部资源联系，引进人才、资本和技术，促进企业发展。

7 结论与展望

7.1 研究结论

7.1.1 产业投资基金投资绩效的影响因素

由第四章实证分析可知，产业投资基金的投资周期与其投资绩效水平存在负向关系。产业投资基金在介入被投资企业后，初始阶段对企业的运营管理有重要的指导作用，为企业发展奠定了良好的基础。但随着投资周期的延长，产业投资基金为实现投资收益，希望尽快退出，这可能与企业发展目标存在一定的冲突，导致摩擦的产生，反过来这在一定程度上制约了产业投资基金的退出，进而导致投资收益下降。

此外，产业投资基金的投资规模与投资绩效即年均回报率呈反向关系。一般说来，被投资企业投资规模越大，产业投资基金面临的风险越大。在一定程度上，对企业进行大规模投资不利于产业投资基金分散项目风险。投资组合理论认为，集中性大规模投资对资金的使用效率存在一定程度的影响，分散投资有利于降低投资风险水平，从而保障资金的安全性。

行业对产业投资基金的投资绩效有着重要影响。产业投资基金作为一种创新性政策性金融工具，投资于基础设施产业及战略性重点产业等传统产业，也投向于诸如生物科技、互联网软件与服务、精密仪器等高科技产业。相较于传统产业，高新技术产业中的企业发展往往更具有爆发性，虽面临的风险较高，但投资周期较短，能够在较短的投资周期内获得资本收益及资金回收。

产业投资基金的注册地址与其投资绩效水平并没有相关性。总体来说，我国产业投资基金发展时间较短，在获得投资收益的地区之间并未形成显著差异。同时，本书对地区的界定仅以上海和深圳地区作为发达地区的代表，忽略了东部沿海其他城市经济发展的共性特征，可能影响实证结果的代表性。

总体而言，我国产业投资基金的成立年限均值仅为2.5年，这与产业投资基金近年来的发展实际相一致，说明我国产业投资基金仍处于初级阶段，有关产业投资基金的运作经验不足，对项目的甄别筛选及风险把控等能力不高，导致投资效益较低。随着产业投资基金越来越受到国家和社会的重视，加之新三板扩容和IPO注册制即将实施，产业投资基金将更容易通过被投资企业的挂牌和上市实现其退出。与此同时，随着国家相关配套政策出台及制度体系日益完善，也必将提升产业投资基金的管理能力及运作能力，进而从整体上提升其投资绩效。

7.1.2　产业投资基金与公司治理

由第五章实证分析可知，产业投资基金在进入被投资企业后对公司内部治理效率产生重要影响，能够积极参与公司治理机制建设，完善公司治理结构，提高被投资企业治理水平。且随着产业投资基金持股比例的提升，其对公司治理水平的影响效力逐渐增强。此外，产业投资基金相较于其他类投资基金对企业公司治理的促进作用更强。具体来说，一是产业投资基金作为外部投资者能积极地参与公司内部治理，完善治理相关制度或机制，注重企业独立董事监督效率的提升；二是产业投资基金能在一定程度上抑制"内部控制人"等非正常企业现象的出现，同时能有效避免大股东从自身利益出发损害公司其他股东利益；三是产业投资基金能在一定程度上改善公司内部激励机制，如通过提升高级管理人员持股比例与薪酬，促使高级管理人员目标与股东利益一致，减少机会主义行为的发生，从而提升公司内部治理效率，促进公司发展壮大。以企业发展带动产业发展，以产业发展实现产业结构调整升级。

7.1.3 产业投资基金与公司绩效

由本书第五章实证分析可知，产业投资基金在进入被投资企业后对公司绩效产生重要影响。产业投资基金、公司治理、公司绩效三者之间存在传导效应，产业投资基金能在一定程度上通过提高被投资企业公司治理水平，进而影响企业的绩效水平。通过直接影响公司治理结构（董事会结构、管理层持股水平、高级管理人员激励等方面）从而影响到被投资企业的公司治理水平。而公司治理水平的提高与完善能直接影响企业的日常经营行为，最终表现为良好的公司绩效水平，即产业投资基金影响公司绩效是以公司治理水平为中介，间接影响公司绩效水平，从而增强企业市场竞争力，促进企业发展壮大。

产业投资基金在介入被投资企业后，通过对企业经营环境做全面了解，并参与公司内部治理，帮助与提升企业盈利能力、经营能力、发展能力，从而提高企业的绩效水平，为企业的后期发展壮大奠定基础，进而推动产业发展。

7.2 研究局限及展望

7.2.1 研究局限

本书仍存在以下不足：一是虽然本书在获取相关研究数据方面投入了大量精力，但由于研究问题的特性，产业投资基金发展处于初级阶段，加之自身能力的限制，最终获得样本虽符合科学研究的条件，但样本数仍然较少，可能会对研究的最终结果造成一定偏差。二是有关产业投资基金、公司治理及公司绩效之间实证模型的构建及相关指标的选择上，由于数据获取难度较大，目前仅以被投资企业当年绩效和公司治理水平作为量化测定指标。若能以公司绩效和治理水平前后多年连续数据进行对比，则研究可能更具稳健性。三是有关我国产业投资基金的研究应该说是一个复杂的课题，本书仅针对其中的部分内容进行了有益探索，许多内容仍有待我们在今后研究中不断深化和完善。

7.2.2 研究展望

针对本书的不足，可以从以下五个方面进行深化和突破：一是增加样本量。一方面，随着时间的推移和产业投资基金自身数量的增加，有效样本将会增加；另一方面，随着产业投资基金数据可得性的提升，将有力支撑下一步研究。二是针对产业投资基金的公司治理、公司绩效、投资绩效等变量，可进一步考虑纳入更多评价指标，以提升研究结果的准确性。三是产业投资基金对治理结构的影响是一个动态过程，在未来研究中将考虑从企业生命周期各阶段进行对比分析，以期进一步提升研究结果的稳健性。四是随着我国市场经济体制日益完善，需对产业投资基金与风险投资基金的趋同性做进一步研究。五是产业投资基金作为政策性金融工具，在全面深化改革的大背景下，可结合国有企业改革、混合所有制产权改革、PPP 融资等现实热点问题做进一步研究。

7.3　结束语

正如前文所言，有关产业投资基金的研究不多，可能原因有二：一是它是新生事物，特别是基于我国产生的新生事物；二是有人担心这种具有政府政策色彩的事物，可能不太符合市场经济的发展趋势，故而没有太多研究价值。但这种认识明显有些片面，因为研究不多乃至没有研究，不代表不能研究，对新事物的探索是学人必须具备的科学精神。此外，产业投资基金在我国扮演着日益重要的角色，其规模体量和影响力均很大，因此，通过对其深入研究，把握其运行规律，了解其对被投资企业的影响等，均有十分重要的现实意义。这也将为我国下一步是否支持或削弱产业投资基金提供理论依据和政策建议。应该说，有关该领域的研究也是对中国特色经济管理实践的有益总结。

参考文献

［1］伯利，米恩斯. 现代公司与私有财产［M］. 甘华鸣，罗锐韧，蔡如海，译. 北京：商务印书馆，2005：101.

［2］巴曙松. 产业投资基金兴起的积极意义［N］. 中国经济时报，2003，11（25）：10.

［3］蔡神元，杨开发. 产业投资基金退出时机选择研究［J］. 求索，2011，11（2）：17-19.

［4］曹志艳，庞任平. 产融结合式农业产业投资基金财税扶持政策探讨［J］. 税务研究，2013，16（12）：84-85.

［5］常敏，邹海林. 中华人民共和国破产法的制定［J］. 法学研究，1995，5（2）：72-80.

［6］陈菲琼，孟巧爽，李飞. 产业投资基金对产业结构调整的影响路径研究［J］. 科学学研究，2015.7（4）：522-529.

［7］陈国进，张敏涛. 我国产业投资基金相关问题研究［J］. 西部金融，2010，10（5）：28-30.

［8］陈见丽. 风险投资对我国创业板公司业绩增长的影响［J］. 财经科学，2012，19（3）：50-58.

［9］陈祥有. 主承销商声誉与IPO公司持续督导期间信息披露质量：来自深交所的经验证据［J］. 经济学家，2009（12）：76-83.

［10］褚菊芬，王黎明. 风险投资的退出时机与企业股权价值的评估［J］. 价格月刊，2009，20（1）：66-69.

［11］戴国强，王国松. 信息不对称和风险资本退出［J］. 财经研究，2002，28（2）：30-35.

[12] 戴维. 产业投资基金的设立与运作文献综述 [J]. 产业与科技论坛, 2015, 19 (23): 40-48.

[13] 邓菁. 我国产业投资基金改进模式研究: 基于中鸿白银产业投资基金的分析 [D]. 厦门: 华侨大学, 2015.

[14] 董倩. 中小企业集群产业投资基金融资模式研究 [D]. 杭州: 浙江师范大学, 2014.

[15] 窦尔翔. 中国产业投资基金发展的路径选择 [J]. 中国人民大学学报, 2006, 7 (5): 8-15.

[16] 发展改革委, 财政部. 新兴产业创投计划参股创业投资基金管理暂行办法 [J]. 首席财务官, 2011 (10): 88-89.

[17] 干春晖, 郑若谷, 余典范. 中国产业结构变迁对经济增长和波动的影响 [J]. 经济研究, 2011, 12 (5): 13-16.

[18] 高蕾, 李西文. 创业投资引导基金与战略性新兴产业发展的问题与建议: 以河北省为例 [J]. 河北大学学报 (哲学社会科学版), 2013, 25 (3): 154-157.

[19] 龚胜国, 金乾生. 我国发展产业投资基金组织形式的分析 [J]. 中外企业家, 2010 (6): 9-10.

[20] 桂洁英. 清科观察: 400 亿政府引导基金加码 VC, 你看懂了吗 [J]. 杭州金融研修学院学报, 2015, 11 (3): 55-57.

[21] 国务院. 股票发行与交易管理暂行条例 [M]. 北京: 中国法制出版社, 1993.

[22] 国务院. 国务院关于加快培育和发展战略性新兴产业的决定 [J]. 中国科技产业, 2010, 9 (12): 14-19.

[23] 韩录. 我国产业投资基金发展现状分析 [J]. 科技管理研究, 2010, 13 (18): 48-51.

[24] 郝正明. 产业投资基金运营模式的创新探索: "5+1" 量化运营模式 [D]. 武汉: 武汉大学, 2012.

[25] 胡浚. 上市公司资本制度比较研究 [D]. 成都: 四川大学, 2012.

[26] 黄亮. 文化产业投资基金的风险与风控机制 [J]. 东南学术, 2013, 17 (2): 114-121.

[27] 黄文正, 何亦名. 中国产业投资基金发展历程回顾与政策展望 [J]. 湖南社会科学, 2014, 21 (6): 176-178.

[28] 黄武俊. 政府引导基金成支持战略性新兴产业发展新平台 [J]. 新材料产业, 2012, 11 (3): 71-75.

[29] 李敏波. 中国产业投资基金研究 [M]. 上海: 上海财经大学出版社, 2000: 116.

[30] 江泓. 政府引导基金发展对策的研究 [D]. 上海: 上海交通大学, 2013.

[31] 凯恩斯. 就业、利息和货币通论 [M]. 郭武军, 译. 上海: 上海外语教育出版社, 2006: 203.

[32] 寇祥河, 潘岚, 丁春乐. 风险投资在中小企业 IPO 中的功效研究 [J]. 证券市场导报, 2009, 23 (5): 19-25.

[33] 李新城, 李玉贞. 政府在产业投资基金中关系定位 [J]. 企业家, 2009, 7 (12): 25-27.

[34] 李欣. 产业投资基金角色研究 [J]. 金融研究, 2010, 6 (21) 30-35.

[35] 李超, 范玉贞. 政府与产业投资基金关系研究 [J]. 中外企业家, 2009, 1 (5): 5-8.

[36] 李方旺, 曲富国, 刘毅飞. 大力发展股权投资基金, 加快战略性新兴产业 [J]. 商业研究, 2011, 17 (6): 112-116.

[37] 李立航. 产业投资基金的组织形式及其比较 [J]. 山东农业大学学报 (社会科学版), 2010, 16 (3): 52-55.

[38] 李素梅. 中国产业投资基金综合绩效及发展战略研究 [J]. 天津财经大学, 2007, 5 (20): 43-46.

[39] 李鑫. 政府引导基金期待市场化转型 [N]. 中国经济导报, 2014-12-25.

[40] 李要深. 中小企业产业投资基金的中国模式 [D]. 成都: 西南财经大学, 2008.

[41] 林钧覃. 海内外产业投资基金的发展经验及现实启示 [J]. 中国科技信息, 2012, 11 (7): 22-24.

[42] 刘健钧.《关于创业投资引导基金规范设立与运作的指导意见》解读 [J]. 中国风险投资, 2008, 15 (7): 29-32..

[43] 刘联盛. 国外产业投资基金的经验与启示 [J]. 金融研究, 2014, 7 (8): 58-61.

[44] 刘瑞波, 贾晓云. 产业投资基金: 国际比较与我国运行机制的创新路径 [J]. 世界经济与政治论坛, 2006, 5 (6): 46-49.

[45] 刘石磊, 邢学文. 产业投资基金建立方案研究 [J]. 东方企业文化, 2011, 4 (18): 58-60.

[46] 刘昕. 产业投资基金及其管理机构的模式选择 [J]. 财经问题研究, 2004, 25 (10): 33-38.

[47] 鲁桐, 党印, 仲继银. 中国大型上市公司治理与绩效关系研究 [J]. 金融评论, 2010, 6 (10): 33-46.

[48] 鹿山, 刘西林. 相机控制与风险资本最优退出决策 [J]. 科学管理研究, 2008, 26 (5): 94-97.

[49] 罗玉中, 李程富, 徐娜. 关于私募股权基金退出机制的研究 [J]. 经济视角: 中, 2011, 13 (6): 102-103.

[50] 马曙松. 从产业转型到金融转型 [M]. 北京: 北京大学出版社, 2009: 198.

[51] 欧培林. 产业投资基金支持文化产业发展研究 [D]. 武汉: 武汉理工大学, 2009.

[52] 彭伟彬. 产业投资基金在企业资本运用中的作用初探 [D]. 上海: 上海交通大学, 2014.

[53] 钱革, 张怵. 我国创业投资的回报率及其影响因素 [J]. 经济研究, 2007, 5 (78): 87-90.

[54] 钱霞. 创业投资引导基金扶持战略性新兴产业浅析 [J]. 经济体制改革, 2011 (5): 130-133.

[55] 钱颖一. 企业的治理结构改革和融资结构改革 [J]. 经济研究, 1995, 1 (9): 95-101.

[56] 秦海林. 产业投资基金他山有"石" [J]. 中国经济和信息化, 2014, 22 (13): 48-50.

[57] 曲红燕, 周寅猛. 政府主导市场化产业投资基金与我国移动互联网产业发展 [J]. 管理现代化, 2015, 35 (5): 27-29.

[58] 人民银行天津分行课题组. 产业投资基金: 国际模式探讨与中国的路径选择 [J]. 华北金融, 2007, 5 (3): 2-5.

[59] 沈梦菲, 徐晓曦. 渤海产业投资基金与中国转型期金融创新 [J]. 软件工程师, 2008, 7 (2): 30-32.

[60] 施文俊. 产业投资基金投融资模式选择: 基于高技术产业发展阶段的研究 [D]. 上海: 上海社会科学院, 2012.

[61] 宋亮. 中国私募股权退出方式研究 [J]. 改革与开放, 2011, 15 (4): 15-17.

[62] 苏冬蔚, 林大庞. 股权激励、盈余管理与公司治理 [J]. 经济研究, 2010, 7 (11): 88-100.

[63] 孙俊, 褚明晔. 新型金融业态对经济转型升级的作用: 基于长三角私募股权投资流向的分析视角 [J]. 金融纵横, 2013, 11 (3): 65-70.

[64] 覃家琦, 曹渝. 我国产业投资基金运行机制的现状分析 [J]. 经济与管理研究, 2008, 10 (7): 28-33.

[65] 唐文琪. 创业投资引导基金与战略性新兴产业发展 [J]. 赤峰学院学报 (自然科学版), 2015, 31 (4): 136-137.

[66] 唐运舒, 谈毅. 信贷、投资、价格变动与经济增长关系的实证研究 [J]. 上海交通大学学报 (哲学社会科学版), 2008, 16 (1): 48-55.

[67] 王保东. 产业投资基金理论研究与实践发展评析 [J]. 现代经济探讨, 2007, 17 (9): 50-52.

[68] 王闯, 战松涛. 建设企业集团设立基础设施产业投资基金的构想 [J]. 经营与管理, 2014, 13 (1): 14-15.

[69] 王雷, 党兴华. R&D 经费支出、风险投资与高新技术产业发展: 基于典型相关分析的中国数据实证研究 [J]. 研究与发展管理, 2008, 20 (4): 13-19.

[70] 王颖, 郭维. 产业投资基金支持战略性新兴产业发展研究 [J]. 商业经济, 2013, 12 (15): 74-75.

[71] 吴剑雄. 资本市场与产业结构调整关系研究 [D]. 上海：上海社会科学院, 2012.

[72] 吴文琪. 经济转型与产业结构调整研究 [J]. 中国企业家, 2012, 5 (11): 23-28.

[73] 吴敬琏. 现代公司与企业改革 [M]. 天津：天津人民出版社, 1994: 153.

[74] 吴明隆. 结构方程模型：AMOS 的操作与应用 [M]. 重庆：重庆大学出版社, 2009: 37.

[75] 向吉英. 经济转型期产业成长与产业投资基金研究 [D]. 广州：暨南大学, 2002.

[76] 辛清泉, 谭伟强. 市场化改革, 企业业绩与国有企业经理薪酬 [J]. 经济研究, 2009, 11 (23): 68-81.

[77] 新华社. 中共中央关于全面深化改革若干重大问题的决定 [J]. 前线, 2013, 12 (7): 5-9.

[78] 徐洁, 赫国胜. 我国产业投资基金运行机制选择对策 [J]. 中国外资, 2011, 10 (18): 5-6.

[79] 薛智胜, 徐雅琳. 我国设立和发展产业投资基金的法律完善问题探析 [J]. 现代财经, 2008, 9 (12): 11-13.

[80] 杨玲. 产业投资基金与优化产业结构关联性分析 [D]. 天津：天津大学, 2008.

[81] 杨婧. 产业投资基金与产业结构 [J]. 深圳特区经济, 2008, 9 (17): 12-16.

[82] 杨瑞龙. 国有企业治理结构创新的经济学分析 [M]. 北京：中国人民大学出版社, 2001: 78.

[83] 姚凌岚. 中国产业结构现状及发展方向 [J]. 时代金融, 2010, 12 (7): 4-5.

[84] 育宗. 产业投资基金导论：国际经验与中国发展战略选择 [M]. 上海：复旦大学出版社, 2008: 57-60.

[85] 云旭. 政府参与产业投资基金问题研究 [D]. 北京：对外经济贸易大学, 2015.

[86] 张维迎. 所有制，治理结构与委托：代理关系 [J]. 经济研究，1996，6（17）：26-30.

[87] 张佳. 我国产业投资基金退出机制研究 [D]. 昆明：云南大学，2015.

[88] 张洁梅. 私募股权基金与我国的产业发展问题研究 [J]. 改革与战略，2009（9）：65-67.

[89] 张露. 私募股权基金与产业发展研究 [J]. 金融与经济，2009，19（8）：70-73.

[90] 张晋莲. 国外产业投资基金发展研究和对我国的启示 [J]. 金融与经济，2013，11（3）：57-59.

[91] 张琨. 关于境外产业投资基金的几点认识 [J]. 现代经济信息，2015，22（3）：66-70.

[92] 张娜，王彦林. 中国文化产业投资基金运作现状与调整思路 [J]. 河北学刊，2013，33（5）：125-127.

[93] 张新立，曹晓莉，李晓伟. 基于实物期权的风险投资 IPO 最优退出时机决策模型 [J]. 系统工程，2009，27（11）：27-31.

[94] 张学勇，廖理. 风险投资背景与公司 IPO：市场表现与内在机理 [J]. 经济研究，2011，20（6）：118-132.

[95] 赵炎，卢颖. 风险投资与上市公司经营业绩之间的关系：以我国中小企业板上市公司为样本 [J]. 科技进步与对策，2009，26（23）：108-111.

[96] 李智. IPO 排队序列巨变 超八成企业中止审查 [N]. 每日经济新闻，2015-01-13.

[97] 郑联盛. 国外战略新兴产业投资基金的经验与启示 [J]. 新金融，2014，13（8）：58-61.

[98] 曾建民. 产业投资的内涵，理论指向与发展趋势 [J]. 江汉论坛，2014，7（10）：27-31.

[99] 周新军. 基础设施产业投资基金如何消除收益瓶颈 [J]. 中国国情国力，2012，11（7）：56-58.

[100] AKIN M S. Does venture capital spur patenting? evidence from state-level cross-sectional data for the United States [J]. Technology and Investment, 2011, 2 (4): 295.

[101] BAKER M, GOMPERS P A. The determinants of board structure at the initial public offering [J]. Journal of Law and Economics, 2003, 46 (2): 569-598. .

[102] BLACK B S, JANG H, KIM W. Predicting firms´ corporate governance choices: evidence from Korea [J]. Journal of corporate finance, 2006, 12 (3): 660-691.

[103] BLACK S E, STRAHAN P E. Entrepreneurship and bank credit availability [J]. The Journal of Finance, 2002, 57 (6): 2807-2833.

[104] BLAU F D, KAHN L M. At home and abroad: US labor market performance in international perspective [M]. Russell Sage Foundation, 2002, 35 (6): 107-112.

[105] BYGRAVE W D, TIMMONS J A. Venture capital at the crossroads [M]. Harvard Business Press, 1992,

[106] C. ZOTT. Why do venture capital firms exist: theory and Canadian evidence [J]. Journal of Business Venturing, 1998, 47 (13): 441-466.

[107] CHERIF M, GAZDAR K. Public institutions and venture capital in Europe: a cross-country panel data analysis [J]. International Journal of Public Sector Performance Management, 2009, 1 (3): 275-294.

[108] DE BARROS R P, CORSEUIL C H. The impact of regulations on Brazilian labor market performance [M]. Law and Employment: Lessons from Latin America and the Caribbean. University of Chicago Press, 2004, 17 (5): 273-350.

[109] DUFFNER S, SCHMID M M, ZIMMERMANN H. Trust and success in venture capital financing—an empirical analysis with German survey data [J]. Kyklos, 2009, 62 (1): 15-43.

[110] FELDMANN H. Venture capital availability and labor market performance in industrial countries: evidence based on survey data [J]. Kyklos, 2010, 63 (1): 23-54.

[111] FELDMANN H. Venture capital availability and labour market performance around the world [J]. Applied Economics, 2014, 46 (1): 14-29.

[112] GIOT P, SCHWIENBACHER A. IPOs, trade sales and liquidations: Modelling venture capital exits using survival analysis [J]. Journal of Banking & Finance, 2007, 31 (3): 679-702.

[113] GORMAN M, SAHLMAN W. What do venture capitalists do? [J]. Journal of Business Venturing, 1989, 48 (2): 231-248.

[114] HELLMANN T, PURI M. Venture capital and the professionalization of start-up firms: empirical evidence [J]. The Journal of Finance, 2002, 57 (1): 169-197.

[115] HELLMANN T. Venture capitalists: the coaches of Silicon Valley [J]. The Silicon Valley Edge, 2000, 37 (10): 276-294.

[116] HESKETT J. How important is quality of labor? and how is it achieved? [J]. Working Knowledge for Business Leaders, Harvard Business School, 2006, 57 (21): 310-332.

[117] HOCHBERG J. Acts of perceptual inquiry: problems for any stimulus-based simplicity theory [J]. Finance, 2004, 11 (10): 341-401.

[118] HÖLMSTROM B. Moral hazard and observability [J]. The Bell journal of economics, 1979, 23 (11): 74-91.

[119] JAIN B A, KINI O. Venture capitalist participation and the post-issue operating performance of IPO firms [J]. Managerial and Decision Economics, 1995, 16 (6): 593-606.

[120] JENSEN M C, MECKLING W H. Theory of the firm: managerial behavior, agency costs, and ownership structure [J]. Journal of Financial Economics, 1979, 17 (22): 163-231.

[121] KAPLAN S, STROMBERG N P. Characteristics, contracts, and actions: evidence from venture capitalist analyses [J]. Journal of Morsfield, 2001, 53 (15): 273-301.

[122] LOCKETT A, WRIGHT M. The syndication of venture capital investments [J]. Omega, 2001, 29 (5): 375-390.

[123] MACINTOSH J. Venture capital investment duration in Canada and the United States [J]. Journal of Multinational Financial Management, 2001 (11): 445-463.

[124] MACMILLAN I C, SIEGEL R, SUBBAIDARASIMHA P. Criteriaused by venture capital is to ecaluate new venture proposals [J]. Journal of Business Venturing, 1985, 1 (1): 119-123.

[125] MANIGART SOPHIE. Determinants of required return in venture capital investments: a five-country study [J]. Journal of Business Venturing, 2002, 6 (17): 291-312.

[126] MORSFIELD S G, TAN C E L. Do venture capitalists constrain or encourage earnings management in initial public offerings [J]. Available at SSRN, 2003, 3 (8): 52-63.

[127] NEUS W, WALZ U. Exit timing of venture capitalists in the course of an initial public offering [J]. Journal of Financial Intermediation, 2005, 14 (2): 253-277.

[128] PHILIPPE MANIGART. The extended role of women in armed forces: the case of belgium [J]. Derelopment and Change, 2002, 45 (7): 153-157.

[129] PR NEWSWIRE. AccessLan communications receives $ 12.1 million in financing from intel corporation and leading venture capital firms [J]. Pr Newswire. 1998, 17 (2): 214-220.

[130] RITTER J R. Differences between European and American IPO markets [J]. European Financial Management, 2003, 9 (4): 421-434.

[131] SCHWIENBACHER A. Venture capital investment practices in Europe and the United States [J]. Financial Markets and Portfolio Management, 2008, 22 (3): 195-217.

[132] SHANE S, KOLVEREID L. National environment, strategy, and new venture performance: a three country study [J]. Journal of small business management, 1995, 33 (2): 37.

[133] THØGERSEN T T, PASCOE S. Combining performance measures to investigate capacity changes in fisheries [J]. Applied Economics, 2014, 46 (1): 57-69.

[134] UDOIDEM J O, UDOFOT P. Foreign capital inflows and entrepreneurship in Nigeria: the implication for economic growth and development [J]. International Journal of Finance and Accounting, 2014, 3 (3): 174-184.

[135] W VERMEIR. Venture capitalist governance and value and value added in four countries [J]. Journal of Business Venturing, 1996, 17 (11): 439-469.

[136] WILLIAM A. The structure and governance of venture-capital organizations [J]. Journal of Financial Economics. 1990, 10 (3): 473-521.

[137] ZACHARAKIS A L, SHEPHERD D A, COOMBS J E. The development of venture-capital-backed internet companies: an ecosystem perspective [J]. Journal of Business Venturing, 2013, 8 (2): 217-231.

后 记

本书是在我的博士论文的基础上修改而成的。

时光如梭，几年博士研究生生活一晃而过，回首走过的岁月，心中倍感充实，博士论文即将完成之日，感慨良多。

从我进入西南财经大学工商管理学院开始博士研究生的学习开始，我的导师任迎伟教授就非常重视向我传授学术研究应当掌握的方法和通过博士论文写作应当达到的目的，以及对实际工作的指导意义。我的博士论文从选题、开题设计、研究方法到论文写作的全过程都得到了任迎伟教授的悉心指导，博士论文能够顺利完成凝聚了导师的心血和无私的付出。任迎伟教授渊博的学识、严谨的治学态度、高尚的师德和宽厚的为人，无不使我受益终生。在此，向我的导师任迎伟教授致以衷心的感谢！

在博士论文写作过程中，西南财经大学的冯俭老师、张宁俊老师、逯东老师、张剑渝老师，重庆大学的陈其安老师，大连理工大学的林海芬老师都提出了宝贵意见。正是这些意见，使我的论文得到进一步完善。在此一并感谢！

此外，要感谢我的家人在我求学的道路上给予的一如既往的理解和支持。没有他们的帮助、体谅、包容和支持，相信这几年的博士研究生生活会是很不一样的光景。

路祖强

2022 年 1 月